陈根 编著

金融学
入门一本通

U0331423

化学工业出版社
·北京·

图书在版编目（CIP）数据

金融学入门一本通 / 陈根编著. — 北京：化学工
业出版社，2020.1（2023.3 重印）
　　ISBN 978-7-122-35603-1

　　Ⅰ. ①金… Ⅱ. ①陈… Ⅲ. ①金融学 – 问题解答
Ⅳ. ①F830-44

中国版本图书馆 CIP 数据核字（2019）第 252412 号

责任编辑：王　烨　　　　文字编辑：谢蓉蓉　　　　美术编辑：王晓宇
责任校对：张雨彤　　　　　　　　　　　　　　　　装帧设计：水长流文化

出版发行：化学工业出版社（北京市东城区青年湖南街 13 号　邮政编码 100011）
印　　装：涿州市般润文化传播有限公司
710mm×1000mm　1/16　印张 12　字数 128 千字　2023 年 3 月北京第 1 版第 3 次印刷

购书咨询：010-64518888　　　　　　　　　售后服务：010-64518899
网　　址：http://www.cip.com.cn
凡购买本书，如有缺损质量问题，本社销售中心负责调换。

定　价：59.00 元

前 言

　　在经济全球化趋势不断加强的当代社会，金融活动正全面渗透在每一个人的日常生活中。金融学的影子无处不在。我们在生产、消费、投资和理财时，都在有意无意地运用金融学的规律和法则。掌握基本的金融学知识，能够帮助我们更加透彻地了解点滴生活背后的本质与真相，指导我们以理性、科学的方式作出经济决策，从而以最小的投入获得理想的收益。与此同时，金融学的知识又能够帮助我们领会国家的金融政策，帮助企业制定经营战略，有利于个人调整投资理财结构，从而实现自身资产的升值。

　　"为什么美元是国际货币？""新闻报道中屡屡提及的CPI、GDP是什么意思呢？"当我们跨入金融学的殿堂，这些问题将得到解答。我们会惊叹于"以钱生钱"的奇妙，感受到金融的强大力量。由于金融学蕴涵着大量的数学工具和专业数据，绝大多数不具备专业背景的人对其望而生畏，认为金融学是高深难懂的专业学科，难以正确运用金融学原理去解读纷繁、日常的经济现象。但金融学并不是"水中月""镜中花"，再难懂的规律都根植于现实世界，我们以通俗易懂的表述帮助普通读者迅速掌握金融学全貌是很有必要的。

鉴于此，《金融学入门一本通》定位为"入门类读物"，供没有接触过金融学的读者阅读。全书分为4篇12章，从"货币与信用""金融机构体系与金融市场""货币政策及金融工具""国际金融体系与国际金融机构"4大方向出发，为初学者提供一个完整、严密的思维框架。从货币信用、银行利率、金融机构等不同角度全面系统地讲述了金融学的基本理论及其在现实社会生活中的应用。本书尽量规避繁复难懂的公式，抛弃晦涩的专业术语，以通俗易懂的方式、轻松直白的笔墨阐释金融学方面的一系列问题，目的在于帮助读者以轻松、愉悦的方式掌握金融学的基本原理，形成以金融学思维看待问题的良好习惯，并学以致用、解决现实问题。

　　由于作者水平及时间所限，书中不妥之处，敬请广大读者及专家批评指正。

编著者

目　录

第二篇　金融体系与金融市场

第三篇 货币政策及金融工具

初识金融学

内容提要

　　金融是什么？金融学又是什么？金融学起源于何处，在历史的进程中是如何嬗变、发展的？本章由金融学的定义、金融活动的形成和演变、金融学的两大分支（宏观金融学与微观金融学）3小节构成，作为全书的导论，笔者将对金融学的概念做出界定，在帮助读者了解金融学发展历史及研究趋势的同时，对金融学的两大分支——宏观金融学和微观金融学进行简明扼要介绍，以帮助读者对金融学形成初步认知。

1. 什么是金融学？

　　学习金融学，首先要弄明白什么是"金融"。从字面意思来看，金融是指资金的融通。食品、衣服等商品在市场中既有企业作为供给者，也有消费者作为需求者。同样的，从一般等价物中脱离出来的"钱"也具有商品性质。存在资金盈余的人，也存在渴求更多资金用于投资的人，二者作为供求双方，通过不同形式来调节自身盈余状况的一系列活动。概而言之，金融就是货币资金融通的总称，而金融学就是指研究与货币流通和银行信用相关的各种活动的系统学科，主要包括：货币的发行、投放、流通和回笼；各种存款的吸收和提取；各项贷款的发放和收回；银行会计、出纳、转账、结算、保险、投资、信托、租赁、汇兑、贴现、抵押、证券买卖以及国际间的贸易和非贸易的结算、黄金白银买卖、输出、输入等。

2. 金融活动是如何形成并演变至今的？

早在公元前2000年，巴比伦寺庙就出现了保管货币并收取一定利息的业务，被视为金融活动的雏形。公元前3世纪，地中海地区出现了类似于现代银行的商业机构，面向公民提供贷款、兑换货币等服务，经过不断发展直至1694年英国出现第一家股份制银行——英格兰银行，标志着现代金融业的确立。在资本主义早期财富积累的过程中，金融业以惊人的速度发展，并在集中生产资本方面发挥巨大价值。20世纪初期，西方资本主义进入到垄断阶段，围绕信用活动的银行垄断与工业垄断资本合拢形成金融资本，牢牢地将资本主义经济的前途命运掌握在手中。自那时起，金融就被视为现代经济的命脉。

在我国，公元前256年周代出现的"泉府"面向民众提供赊贷服务，被视为我国金融机构的雏形。到公元479年出现"质库"（当铺的前身），开始经营以实物抵押进行放款的业务；明清时期，钱庄、票号等成为金融业活跃的主体。由于我国长期被封建政权所统治，现代金融业的发展明显滞后于西方国家。在两次鸦片战争期间，才出现了由外国人创立的现代银行，如英国麦加利银行、法国东方汇理银行等，19世纪末出现的中国通商银行则成为第一家由中国人创办的银行。第一次世界大战爆发后，中国银行业开始得以蓬勃发展，原有的票号、钱庄等传统金融机构日益破败，现代银行后来居上，成为金融业的经营主体，在振兴国民经济、发展民族资本主义工商业方面发挥巨大作用。新中国成立以来，伴随着国力的日益强盛、经济的繁荣发展，我国逐渐形成完善的金融机构体系。除去大型国有银行外，金融市场上还活跃着各类商业银行、跨国银行。不仅如此，还出现了保险公司、金融咨询公司、证券公司、汇兑机构等多种多样的金融组织。伴随着现代科技的进一步发展，金融业还涌现出全新的经济手段和业务模式，如互联网金融、电子普惠金融等。

■ 金融学的沿革

1952年马尔科维茨提出的组合投资理论、莫迪利亚尼及米勒提出的现代财务理论被视为现代金融学理论的起源。其中，马尔科维茨提出的组合投资理论认为商业银行在确保资产多样化的基础之上，应当按照自身收益因素与风险因素的差异，对不同形式的资产进行组合；而莫迪利亚尼和米勒所提出的现代财务理论则指出公司发行的债券或股票与其价值并无直接关联。1965年，尤金·法马提出有效市场假说，提出在存在大量理性人的股票市场中，单个股票的价格能够反映市场预期。1997年，诺贝尔奖得主默顿集上述理论之大成，将其系统整理为"现代金融学"，标志着现代金融学的成熟。

金融涉及社会经济生活的诸多方面，是一个庞大而错综复杂的社会命题。金融学的发展可大致划分为三大阶段，分别为定性描述阶段、定量分析阶段和工程化阶段，如表0-1所示。伴随着金融活动的历史发展，金融学的研究重点、结构主体也存在差异。

表0-1　金融学的研究重点、结构主体发展三阶段

1	定性描述阶段	货币发展初期,以实物货币为主导,研究的主要命题为货币理论
2	定量分析阶段	由于经济规模不断增加,金融产业也随之扩张,银行开始成为金融领域的主导,此时信用货币、商业银行成为金融学研究的主要命题,并延伸出货币调控理论
3	在工程化阶段	金融市场成为市场经济的主导,金融学的研究重点转变为金融经济、金融工程和资本市场

伴随着经济全球化的发展,金融市场全球化已然箭在弦上、大势所趋。各个国家和地区的金融市场连成一片,形成紧密相通的国际金融市场。与此同时,信息技术瞬息万变、更新换代,出现了全新的金融工具和产品业态,金融学科的研究重点则演变为网络金融、普惠金融和国际金融。

3. 金融学的两大分支是什么?

金融学即研究金融活动的学科,除去基础的金融理论研究外,还涉及金融史、金融政策、金融体制研究等,整体来看,可以将金融学划分为宏观金融学和微观金融学两大分支,见图0-1。

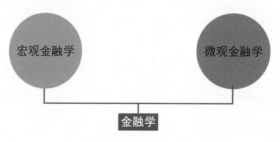

图0-1　金融学的两大分支

■ 微观金融学

微观金融学是金融学的理论基础，是研究如何借助资本市场实现对资源最优配置的理论体系。微观金融学仿照微观经济学，聚焦于分析微观层面上的市场、企业和个人的金融活动，涉及金融市场学、投资组合理论、公司财务学等。

微观金融学基于均衡分析、理性人假设等经济学的基本方法、现代数学的科学理论和计算工具，探究在不确定环境下个人如何实现自身资产配置的最优化、企业该如何开展投融资活动、金融机构如何帮助个人和企业实现其资源配置的最优化、如何构建起金融市场的均衡价格体系等一系列问题。微观金融学形成于20世纪后半叶，其研究范式不断变迁，除去主流的研究范式外，还出现了行为金融、金融物理等全新的新金融经济学。

■ 宏观金融学

① 宏观金融学的研究内容

国际学术界将与微观金融学相对的宏观问题研究定义为宏观金融学，宏观金融学基于以货币为交换媒介的经济市场，研究如何实现经济增长、将通货膨胀保持在较低水平、提高就业率、实现国际收支平衡等。整体来看，宏观金融学聚焦于货币及金融系统的宏观运转，由国际金融学、货币银行学等组成。

② 宏观金融学的演变

19世纪末，费雪、马歇尔、庇古等经济学家聚焦于货币需求和国民收入的关系，提出古典货币需求理论，被视为宏观金融学的开端。该理论将经济划分为两个独立的领域——实际领域和货币领域，实际领域构成价值，决定不同生产要素的收入，而货币领域并不具备内在价值，只扮演交易媒介的角色，对经济不产生直接影响。而后出现的新凯恩斯主义经济学派则认为货币并不是中性的，它直接左右政府的经济政策，并最终影响就业和产量。由于新凯恩斯主义在挽救西方国家经济危机时并未发挥出奇效，且在发展中国家金融自由化进程中取得了令人沮丧的结果，以斯蒂格利兹为代表的经济学家基于新凯恩主义学派分析的基础，提出国家应通过控制存贷利率、设置市场准入限制等手段，为金融机构提供"特许权"，从而避免金融机构为追逐短期利益而产生损害社会整体经济利益的行为。20世纪70年代，美国爆发恶性通货膨胀，物价飞涨、失业率急速上升，投资规模也相应锐减，经济遭受重创，运用凯恩斯主义经济政策增加货币供应量难以抑制利率上升，此时经济学家指出"预期在金融活动中的重要性"，自此，形成理性预期学派。

第一篇

货币与信用

第一章

货币与货币制度

正如细胞是生命活动的基本单位，货币就是金融的"细胞"。在学习金融学时，首要问题就是搞清楚什么是"货币"，有哪些货币，货币又发挥着什么样的作用？在第一章中，笔者将介绍货币的概念、货币的演变历史、货币的类型与职能。相应的，在货币长期流通的过程中，不同国家和地区会形成差异化的货币制度，在本章中，将简要提及金本位、银本位等不同类型货币制度的定义及特点。

第一节 货币

内容提要

在漫长的商品经济历史中，货币作为物与物交换的媒介，经历了形态、功能的变迁。作为固定充当一般等价物的交换媒介，货币具有价值尺度、流通手段、贮藏手段、支付手段、世界货币等不同职能，在本节中，将对货币的基本概念、发展历史、职能进行详细说明。

1. 什么是货币？

在商品交换过程中，为了解决物与物直接交换而导致的商品转让困难，需要存在一个作为交换的媒介——货币。如果没有货币，拥有羊的人想要交换鸡，拥有鸡的人却想要交换牛，此时商品转让无法实现。若存在货币，2000元可以交换1只羊，也可以交换50只鸡；同样的，1只羊可以交换2000元后，再用2000元去交换50只鸡。货币的价值是得到市场一致认可的，能够实现不同类型物品的交换。现代货币理论认为，货币是财富的所有者和市场关于交换权的契约，有一般等价物、纸币、电子货币、贵金属货币等不同形式。

2. 货币是如何演变至今的？

在现代经济生活中，货币扮演着不可或缺的重要角色。事实上，货币的历史已逾千年。要想正确认识货币的本质，掌握货币的职能与作用，就必须要知悉货币的起源，这是货币金融理论的出发点。关于货币起源的学说众多，以西方的"保存财富说"和中国古代的"先王制币说"等为典型代表。这些学说基于特定的时代背景，存在合理内核，但仍然无法透过现象把握货币的本质。而马克思则基于历史与逻辑相统一的辩证方法，对货币的起源、本质作出科学解释。马克思指出，首先，货币是一个历史的经济范畴，是在商品交换的过程中产生的，它是交换活动下的必然产物；其次，货币并不是人们协商、法律强制规定的产物，而是商品经济发展的必然结果；第三，货币是社会化劳动与私人劳动共同发展的结果。任何具备价值尺度、财富贮藏、执行交换等功能的物品，都可以将其视为货币。

货币作为人们共同约定的一般等价物，在不同时期存在不同的表现形式。伴随着商品的生产与流通，货币形式基本遵循从低级向高级的方向演变，大致可划分为实物货币、金融货币、代用货币和信用货币四个阶段。

伴随着商品生产、流通的发展，货币形式沿着从低级到高级的方向持续演变。在原始社会末期，出现了最早的实物货币。实物货币也被称之为商品货币，它作为货币用途的价值等于作为非货币用途的价值。在人类历史上，蚌珠、皮革、齿角、米粟、布帛、农具、牲畜等均扮演过实物货币的角色。此类实物货币在流通、携带、储存方面存在极大的缺陷，如容易腐烂、难以分割等，最终多流通贝币这一实物货币，并延续到春秋战国时期（图1-1）。

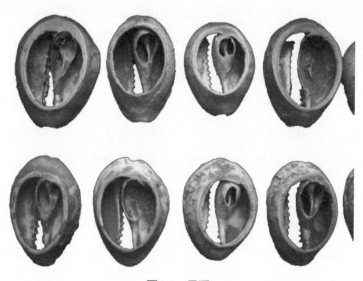

图1-1 贝币

伴随着商品经济的进一步发展和金属冶炼技术的成熟，金属作为商品进入交换的行列，实物货币转而被金属货币取代。起初铁、铜等贱金属被作为货币，后来由于商品交换的地域日益扩大，金、银等贵金属成为货币的固定材料，人们将金银等贵金属铸造成固定重量、固定形状的货币用于流通。对比实物货币来看，金属货币价值相对稳定、易于保存，且具有普遍接受性、统一性等实物货币难以比拟的优势。

随着商品交易规模的扩大，金属货币也显露出无法回避的弊端，其在流通过程中或多或少会出现磨损，其增长速度与金融、生产等经济活动的发展不相适应，进而出现了可以兑现金属货币的代用货币用于商品交易。作为货币的代用货币本身价值远远低于其代表的货币价值，以国家铸造的不足值铸币、纸币为主要形态。其中，发行于北宋仁宗天圣元年(1023年)的"交子"（图1-2），在四川境内流通近80年，被公认为是

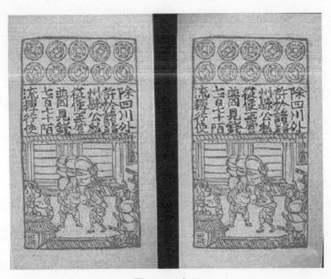

图1-2　交子

世界上最早使用的纸币。需要注意的是，尽管代用货币同样扮演着交换媒介的角色，但代用货币仍然被视为贵金属的准备，国家承诺可将代用货币兑现为贵金属货币。从金属货币到纸币的转变，实现了两个重要的飞跃。首先，纸币本身不再具备价值，而是以发行者的信用或与贵金属相挂钩来执行货币职能；其次，纸币以人造物的形式流通，从形式、内容两个方面实现了"去自然化"，彻底扭转了人类的货币观念。

随着代用货币的进一步发展，出现了以信用为保证、借助信用程序发行的信用货币。20世纪30年代，由于经济危机席卷全球，迫使各国放弃金本位制（下文中将会介绍）而实行纸币流通制度，这更为信用货币的垄断创造了条件。可以说，信用货币是金属货币制度崩溃的必然结果。信用货币以国家政权为保障、并强制流通的纸币而得到社会公认，是目前世界上几乎所有国家都采用的货币形态。信用货币的特征见表1-1。

表1-1　信用货币的特征

1	信用货币本身的价值低于其代表的货币价值
2	对比代用货币，信用货币不再是贵金属黄金的准备，国家不予承诺将信用货币兑现为金属货币
3	国家和发行机构的信誉是信用货币的基本保障

伴随着现代经济及金融技术的创新与发展，基于电子通信技术的电子货币登上历史舞台。电子货币是指用一定金额的现金或存款从发行者处兑换并获得代表相同金额的数据或者通过银行及第三方推出的快捷支付服务，通过使用某些电子化途径将银行中的余额转移从而完成交易，

以储值卡、信用卡、电子支票、电子现金为代表，在生产、交换、消费等不同领域得以运用，具备安全、高效、便捷、可靠等优势。

对比贵金属货币和信用货币，电子货币无需任何有形的货币形态，借助计算机网络即可完成一切交易活动，在节省银行大量票据费用的同时，又提升了交易的效率。当前，电子货币成为各个国家和地区货币流通的主要形式，在经济生活中扮演着不可替代的重要角色。需要强调的是，尽管货币的形式不断迭代，但货币的主要功能仍未发生变化。

3. 货币的本质是什么？

货币是商品生产与交换的产物，也是商品经济内在矛盾发展的必然结果。从本质上来看，货币是所有者与市场针对交换权而形成的契约，是物与物交换的介质，是固定地充当一般等价物的特殊商品。需要注意的是，货币首先是商品，是人类劳动的产物，是价值与使用价值的统一体；其次，货币又是特殊的商品，其特殊性的体现如表1-2所示。

表1-2　货币的特殊性

1	货币是衡量商品价值的材料，具备交换其他商品的能力，是一般的交换手段
2	货币具有二重化的使用价值。从其自然属性来看，货币有其特殊的使用价值如金银可作为装饰品。但与此同时，货币对任何人都具备一般的使用价值，是一般等价物

4. 货币有哪些职能？

货币职能是货币本质的具体体现。在商品经济发展的过程中，货币逐渐形成了价值尺度、流通手段、贮藏手段、支付手段、世界货币等不同职能，见表1-3。其中，货币最基本的职能为价值尺度和流通手段。

表1-3　货币的基本职能

1	价值尺度	货币在表现商品的价值并衡量商品价值量的大小时，执行价值尺度的职能
2	流通手段	在商品交换中，当货币作为交换的媒介实现商品的价值时就执行流通手段的职能
3	贮藏手段	当货币暂时退出流通而处于静止状态的时候，执行贮藏手段，或执行价值积累和保存手段的职能
4	支付手段	货币在实际价值的单方面转移时执行支付手段的职能
5	世界货币	随着国际贸易的发展，货币开始跨越国界，在世界市场上发挥一般等价物作用，从而在国际范围内执行价值尺度、流通手段、贮藏手段和支付手段的职能

■ 价值尺度

货币在表现商品的价值并衡量商品价值量的大小时，执行价值尺度的职能。货币充当价值尺度职能，可以是本身有价值的特殊商品，也可以是本身没有价值的信用货币。信用货币执行价值尺度职能的典型特征就是价值尺度的可变性，它反映在货币购买力的变化上，这种价值尺度的可变性有损于货币价值尺度职能的发挥，因此，必须保持信用货币价值尺度的相对稳定性。商品价值的货币表现是价格。商品价格同商品本身物质形态不同，它是一种观念形态，不必将相应数量的货币摆在商品旁。因此，充当价值尺度的货币的特点是观念形态的。

■ 流通手段

在商品交换中，当货币作为交换的媒介实现商品的价值时就执行流通手段的职能。这种以货币为媒介的商品交换，叫作商品流通。

充当流通手段的货币不能是观念上的货币，而必须是现实存在的货币。因为货币作为商品交换的媒介，它是代表一定的价值量来同商品相交换的，交易双方必须一手交钱，一手交货，实行等价交换，买卖行为才能完成。当然，我们所说的现实存在的货币，并不单指有形的货币，它也可以是无形的存款货币、电子货币。

■ 贮藏手段

当货币暂时退出流通而处于静止状态的时候，它就执行贮藏手段，或者执行价值积累和保存手段职能。由于货币是价值的化身，可以用它换取自己需要的任何商品，使人们感到它就是财富的代表，人们为了积累和保存社会财富，便产生了保存货币的要求。对商品生产者来说，货币的价值积累和保存手段，还是保证其再生产持续不断进行的必要条件。在金属货币制度下，货币的贮藏或者价值保存手段职能具有自发地调节货币流通的作用，当流通中需要的货币量减少时，多余的金属货币就会退出流通界被贮藏起来，当流通中所需要的货币量增加时，贮藏的金属货币又会重新进入流通界而成为流通手段，这样，贮藏货币就像蓄水池一样，自发地调节着流通中的货币数量，使货币流通数量与商品流通的需要相适应。

■ 支付手段

货币在实际价值的单方面转移时就执行支付手段的职能，如偿还赊购商品的欠款、上缴税款、银行借贷、发放工资、捐款等。货币充当支付手段职能，一方面虽然促进了商品生产和流通的发展，因为支付手段职能可以实现货币借贷，从而扩大商品生产者的资本，有利于国家对国民收入实现再分配，以促进国民经济发展和进行必要的宏观调控，但是另一方面也扩大了商品经济的矛盾。在赊销交易出现后，货币和商品不再在买卖过程中同时出现，购买者取得了商品，不必同时支付货币。商品的转移和商品价值的实现在时间上分开了，使商品生产者之间形成错综复杂的债权债务关系。一旦其中某个人不能按期付款，一个环节中断就会引起其他人发生支付上的困难，造成连锁反应，甚至会使一些人破产。

■ 世界货币

随着国际贸易的发展，货币开始跨越国界，在世界市场上发挥一般等价物作用，从而在国际范围内执行价值尺度、流通手段、贮藏手段和支付手段的职能，这就是世界货币。目前能够发挥世界货币职能的货币主要有美元、欧元、日元等，它们构成了世界货币流通领域的新现象。货币的上述各个职能是相互联系的。由于货币能表现一切商品的价值，因而它具有价值尺度职能；由于它能与一切商品相交换，因而它具有流通手段职能。货币缺少价值尺度与流通手段二者中的任何一种职能，就不能成为货币。货币的价值尺度、流通手段、贮藏手段、支付手段在世界市场上发挥作用时，就执行世界货币职能。

第二节　货币制度

内容提要

在货币流通的历史中，势必会形成一定的规则、固定的组织形态和管理制度，而这一切的综合就被称之为货币制度，货币的价值尺度、流通手段、贮藏手段、支付手段、世界货币五大职能的实现，离不开货币制度作为保障。货币制度可划分为金融本位和货币本位两种类型。在本节中，将重点介绍不同类型的货币制度。

1. 货币制度的基本内容是什么？

货币制度是指国家针对货币的相关要素、货币流通的规则、组织机构体系形成的一系列制度。货币制度的作用在于保障货币的各项职能，推动货币的稳定流通，其基本内容见表1-4。

表1-4　货币制度的基本内容

1	货币金属以法律的形式规定采用何种金属作为本位货币。本位货币简称"本位币",亦称"主币""无限法偿货币",是"辅币"的对称。一个国家法定作为价格标准的主要货币,是一个国家的基本通货
2	货币单位以法律的形式规定货币的名称与含金量
3	货币的铸造或印刷、发行、流通制度
4	货币储备制度即国家规定中央银行或政府,为保证货币的稳定,要储备一定的贵金属、外汇

2. 货币制度包括哪些类型?

一般而言,可以将历史上出现的货币制度划分为两大类,即金属本位制度和货币本位制度,具体如下所述。

■ 金本位制

金本位制是指以黄金为本位货币,以金币本位制、金块本位制、金汇兑本位制为主要形式(图1-3)。布雷顿森林体系是以美元和黄金为基础的金汇兑本位制。

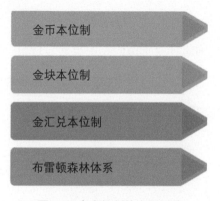

图1-3　金本位制的主要形式

① 金币本位制。以黄金为纸币，可自由铸造、熔化金币，而其他流通中的辅币如纸币、债券等可自行兑换金币。

② 金块本位制。以中央银行发行、以金块为准备的纸币流通制度，其特点在于，主要流通货币为纸币，仅对纸币的含金量作出规定，不再铸造、熔化、流通金币，纸币等信用货币可兑换黄金，由政府集中储备黄金，居民持有货币的含金量达到一定标准后，可选择兑换金块。

③ 金汇兑本位制。其主币为银行券，是指借助外汇来间接兑换黄金的货币制度，银行券可以兑换外汇，但禁止兑换黄金。与金块本位制所类似的是，由国家规定流通货币的含金量。为稳定本币币值，本国中央银行会在其他采取金本位制的国家储存外汇及黄金。

④ 布雷顿森林体系，是指以美元为中心的国际货币制度，在该体系中美元处于等价黄金的核心地位，各国分别将自身本位币与美元挂钩制定兑换比率，实现与黄金的间接挂钩。

■ 银本位制

银本位制是指以白银为本位货币，其运行原理和金本位制基本一致，包含银两本位制和银币本位制两种制度形式。

■ 复本位制

复本位制是指同时以黄金和白银为本位币。在该制度下，可自由铸造、熔化、流通金银。从表面来看，复本位制保证了本位货币金属的充足，能够良好适应商品经济规模不断扩大的需求。但实际上由于金银复本位与货币作为一般等价物存在独占性矛盾，复本位制容易出现"劣币驱逐良币"的现象。

■ 纸币本位制

纸币本位制也被称之为信用本位制，是指以信用货币为本位币，无需以金属货币作为发行准备。在流通过程中，以纸币和银行存款来执行货币职能。其特点是国家不规定纸币的含金量，也不允许纸币与金（银）兑换，纸币作为主币流通，具有无限法偿能力；同时，国家也发行少量金属铸币作为辅币流通，但辅币价值与用以铸造它的金属商品价值无关。由于发行纸币是国家的特权，在中央银行国有化之后，国家便委托中央银行发行纸币。中央银行发行纸币的方式是通过信贷程序进行的，所以纸币实际上是一种信用货币。在纸币本位制下，政府可以借助调节货币数量的手段，来干预经济活动。在现代经济中，货币供应量的变化深刻、直接地影响着经济，政府制定经济政策时，往往会借助对货币供应量的调整来实现某种宏观经济目标。

第二章

利息及利率

利息是借款人向放款人支付的占用其资金的报酬，而利率则是指借贷期满所形成的利息额与所贷出的本金额的比率。利息具有分配和再分配国民收入、沟通金融市场与实物市场、连接宏观经济与微观经济的重大功能，因此，本章将围绕利息、利率展开讲解。

第一节　利息

内容提要

本节将详细介绍利息的基本概念、利息产生的原因以及利息的作用，帮助读者理解利息在经济生活中扮演的重要角色。

1. 什么是利息？

债权人向债务人借出资金时，意味着其资金在一定时间内被占用，为弥补债务人的损失，债务人需要向债权人支付一定的费用——利息。利率既是债权人向其所借金钱应支付的代价，亦是放款人延迟其消费，借给借款人所获得的回报。

2. 为什么会产生利息?

利息产生的原因见表2-1。

表2-1　利息产生的原因

1. 弥补通货膨胀
　通货膨胀问题普遍存在,同等数量的货币在未来的购买力会降低。因此,债权人要向债务人收取一定比例的利息,来弥补由于通货膨胀而导致的损失

2. 替代性投资
　债权人有自由运用自身资金的权力。债权人将资金出借给债务人时,需要承担放弃将这笔资金运用于其他投资的机会成本。在这个过程中,债务人与"其他投资"存在一定的竞争关系,支付利息是说服债权人借出资金的最有力手段

3. 抵御风险
　债务人在获得资金后,可能存在丧失偿债能力、恶意拖欠债务等问题。为抵御呆账、坏账的风险,债权人需要收取一定的利息,以减少在出现呆账风险时的损失

3. 利息有哪些作用?

利息的作用见表2-2。

表2-2　利息的作用

1. 影响居民的理财行为
　居民为获得利率收入而产生的储蓄行为,在宏观经济调控和微观经济重构等不同方面均扮演着重要的角色

2. 影响企业的投资行为
　企业要想获得理想收益,就必须减少资金占有量,比较不同资金筹措方式的成本高低,从而有效降低经营成本,扩大自身的盈利空间

3. 影响政府的经济行为
　利息收入与全社会的赤字部门、盈余部门的经济利益息息相关

■ 影响居民的理财行为

伴随着社会的前进、经济的发展，社会成员的收入水平不断提升，其储蓄比率也在不断提高。在积累自身财富的过程中，各类金融工具为不同社会成员的资产选择行为提供了客观基础，而利息收入则成为了各个社会成员资产选择行为的重要诱因。居民为获得利率收入而产生的储蓄行为，在宏观经济调控和微观经济重构等不同方面均扮演着重要的角色。

■ 影响企业的投资行为

企业在贷款过程中所付出的利息成本，对企业的盈利水平、经济效益具有直接影响。企业要想获得理想收益，就必须要减少资金占有量，比较不同资金筹措方式的成本高低，从而有效降低经营成本，扩大自身的盈利空间。

■ 影响政府的经济行为

利息收入与全社会的赤字部门、盈余部门的经济利益息息相关。政府在宏观调控经济的过程中，可以将利息收入作为重要的经济杠杆。举例说明，中国人民银行若降低利率，此时大量的货币就会流向资本市场；若选择提高利率，货币就会从资本市场流回。国家通过发行债券的形式吸纳民间资本，从而来缓解一定的财政压力。

第二节 利率

> **内容提要**
>
> 利率是指借贷期满所形成的利息额与所贷出的本金额的比率，本节将对利息的基本概念、计算公式、影响利率的相关因素（资金供求关系、借款数量、风险程度、物价变动幅度……）等进行详细说明。

1. 利率的定义?

利率是衡量利息水平的一般形式，即利息额与本金额的比率。利率越高，利息越多；利率越低，利息越少。对企业而言，利率是影响企业投融资活动的关键因素。利率的变化，将影响企业资金成本的高低；对金融机构而言，利率的高低将直接影响其经营利润；对个人而言，利率的高低是其作出投资理财决策的重要依据。

利率的计算公式为：利率＝1年期利息/本金×100%

2. 影响利率的因素?

利率的高低，主要取决于资本的供求关系。与此同时，还与货币偿还的时间期限、风险、物价变动幅度、国家政策等密切相关。对利率的调节和管控，是控制通货膨胀的主要手段。因此，利率政策是宏观货币政策的重要组成部分。接下来，笔者将对影响利率的因素作简单说明（图2-1）。

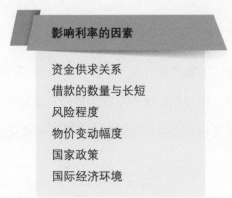

影响利率的因素

资金供求关系
借款的数量与长短
风险程度
物价变动幅度
国家政策
国际经济环境

图2-1　影响利率的因素

■ 资金供求关系

若借贷资本供不应求，需求者之间形成竞争，此时利率上升；若借贷资本供过于求，此时处于买方市场，因而利率下降。利率作为金融市场中商品的价格，其高低同样受到供求规律的影响。可以说，利率水平的高低主要以资金供求关系为决定性因素。

■ 借款的数量与长短

借款数量越多，利率越低；借款数量越少，利率越高。

贷款时间越长，利率越高；贷款时间越短，利率越低。

■ 风险程度

债权人在放债的过程中，会考虑是否存在无法收回债务的风险，基于对债务人资产规模、信用水平、未来偿债能力的判断，制定相对应的利率。一般情况下，债务人难以按约偿还债务的风险越高，利率越高。

■ 物价变动幅度

由于通货膨胀的问题普遍存在（物价上涨、货币贬值），为适应物价上涨的幅度，商业银行基于吸收存款的目的，必须要对名义利率进行调整。可以说，名义利率水平与物价变动水平同步变化。

■ 国家政策

不同国家的财政政策和货币政策存在差异，西方诸多国家实行利率市场化政策，完全交由市场供求关系来决定利率高低。而我国作为社会主义国家，自新中国成立以来长期实行利率管制政策。按照相关法律和政策规定，由我国国务院统一制定利率，并由中国人民银行统一管理和调控。国家会根据实际的经济状况对利率进行调整；若通货膨胀，为稳定物价、稳定金融市场，实行高利率政策以吸引存款，减少市场中货币的供应量；若为通货紧缩，则实行低利率政策以释放存款，从而达到刺激消费、拉动市场需求的效果。与此同时，为了扶持特定产业，国家还会面向一些部门和企业提供差别利率政策。

■ 国际经济环境

伴随着经济全球化、金融市场国际化、区域经济一体化趋势的加强，不同国家的金融活动联系日益紧密。因此，利率的高低或多或少受到了国际经济环境的影响。具体影响见表2-3。

表2-3　国际经济环境对利率高低的影响

1	受制于国际间资金的流动，他国流入的资金会对本国的资金供给量产生影响，进而影响本国的利率水平
2	国际间商品竞争的激烈程度，将影响本国的利率水平
3	国家外汇储备量、对外政策，将影响本国的利率水平

第三节　利率市场化

内容提要

利率市场化是一种由供求关系来决定资金价格的市场机制，本节将阐明利率市场化的基本定义，并引入利率市场化的相关理论，简要说明施行利率市场化的宏观背景和重要意义，同时介绍利率市场化的基本特征、主要内容。

1. 什么叫利率市场化?

顾名思义，利率市场化就是指由市场来决定利率。要想实现利率市场化，首先要形成一个完全竞争、公开透明的资金市场；其次在资金市场中活跃的主体均为理性人，且资金流动合理；最后，国家主要以实施财政政策的手段来实现经济发展目标，而将货币政策作为辅助手段。为供读者参考，此处列出几种不同的利率市场化定义（表2-4）。

表2-4　三种不同的利率市场化定义

1	利率市场化是指政府解除对存贷款利率的行政管制，不再对银行存贷利差进行保护，交由市场供求关系来决定资金价格
2	将利率的决定权交给金融机构，金融机构依据自身的经营目标、资金状况、金融市场动态自行对利率水平进行调节
3	将利率的决定权交给市场，由市场主体自行决定利率高低的改革过程

2. 如何解读利率市场化的理论？

利率市场化以爱德华·肖的金融抑制理论和麦金农的金融深化理论为基础。其中，由爱德华·肖提出的金融抑制理论认为：金融市场不健全的国家，资本利用效率低下、大量闲置资本被浪费，直接阻碍了经济的健康发展。一方面，国家以行政手段来干预资金价格，较低的利率难以吸引国内储蓄；另一方面，又引发了企业对于资金的过度需求，最终形成资金供不应求的局面。在资金供给有限的情况下，银行等金融机构率先将资金分配给大型企业，而中小企业置身于金融体系之外，只能够借助内部融资的手段来积累资本、扩大规模。其资本增长艰难而迟滞，而中小企业在经济发展中的重要性不言而喻，最终形成的后果就是阻碍了经济的整体发展。

麦金农的金融深化理论认为：金融领域的深化改革，必须要朝着自由化的方向发展，尽量规避人为因素对金融领域造成的不利影响，将金融市场在资源分配方面的价值发挥出来，充分调动收入效应、投资效应、分配效应。金融领域自由化改革以"放开利率和汇率价格"首当其冲，首先确保金融资产价格能够真实、充分地体现资金供求需求，才能够有效消除金融抑制的恶果。

3. 利率市场化是如何产生的?

第二次世界大战后，为加快经济恢复，推动经济的振兴和繁荣，美国、日本等国家为刺激市场需求，均采取国家直接制定利率的形式将利率控制在较低水平，以行政手段来压制融资成本，从而为各类经济活动提供便利。在管制利率的同时，这些国家还对商业银行的经营范围、业务种类作出限制。在利率管制的影响下，美日等国的金融体系趋于稳定，经济在短期内得以恢复，但与之相对应的是存款者利益被侵占、金融市场缺乏活力等一系列弊端，不利于金融市场的长足发展。

20世纪70年代，伴随着中东石油危机的发生、布雷顿森林体系的崩塌，各资本主义国家普遍陷入到恶性通货膨胀、大规模失业、经济停滞不前的困境之中。在萧条的经济形势下，主张政府干预经济的凯恩斯主义节节败退，而以麦金农的金融深化论、爱德华·肖的金融抑制论为代表的新古典主义经济学理论大放异彩，以美国、日本、英国为代表的资本主义发达国家开始采取循序渐进、稳步前行的利率市场化改革。利率市场化改革的有效推行，避免了存贷机构的恶性竞争，在缓解金融危机方面发挥奇效。与此同时，利率市场化促进了低成本储蓄的集中，与西方资本主义国家在特定时期的投资需求相符合，传统金融行业经营的体制被打破，金融行业的格局发生深刻变化，大量金融创新活动如雨后春笋般涌现。

4. 利率市场化的特征有哪些？

在利率市场化环境下，利率运行机制的特征见表2-5。

表2-5 利率运行机制的特征

1	由于政府不再对利率进行行政管制，因此利率能够真实、充分地体现资金的供求关系，并借由价格机制来实现资金配置优化和高效利用
2	利率市场化并不意味着政府不再对金融市场进行调控

首先，由于政府不再对利率进行行政管制，因此利率能够真实、充分地体现资金的供求关系，并借由价格机制来实现资金配置优化和高效利用。此时，利率随资金供求关系的变化而变化。若资金供过于求，利率下降；若资金供不应求，利率上涨。

其次，利率市场化并不意味着政府不再对金融市场进行调控。中央政府仍然会制定基准利率，在自由企业制度、市场利率机制和市场价格体制的共同作用下，商业银行等金融机构依据自身实际情况和金融市场的宏观动态对利率水平做合理调整。在这样的机制之中，中央银行对社会基础货币供应量的调节从直接调节转变为间接调节。

5. 利率市场化具有哪些重要意义？

利率市场化的本质，是在推动金融市场从低水平向高水平转化，最终形成一个金融工具齐全、融资工具结构合理、信息披露充分、法律和经济手段共同监管的金融市场。在利率市场化的过程中，由于资金供求关系决定了利率水平，因此金融市场主体为在市场竞争中取得优势，获得更加广阔的利润空间，往往会采取一系列的创新行动，面向金融服务的消费者提供针对性、多元化的金融产品。另一方面，在实现利率市场化后，资金需求的利率弹性将进一步提升，对特殊行业、部门的利率歧视将整体消除，由于利率能够真实体现资金的供求关系，促使利率与信用风险紧密相连，在储蓄转化和资金收拢方面具有重要意义。更重要的是，利率市场化有利于促进形成中央银行对金融市场的间接调控机制，是健全现代金融体制的必然举措。

推行利率市场化，是市场经济发展的必然要求。利率作为特殊商品，其价格必须交由市场决定，这是市场经济体制的客观需求，同时也是促进金融市场自由、透明竞争的需要。若不推行利率市场化，不同金融组织的利率水平差异较小，就会引发产品同质化问题，在竞争不充分的状态下，金融市场难以实现大浪淘沙；若推行利率市场化，金融机构迫于竞争的压力，不得不通过创新产品、改善服务质量、降低贷款利率等手段来吸引客户，而经营不善、利润水平较低的金融组织若无法及时调整自身的经营战略和服务水平，就会被市场所淘汰。"优胜劣汰"的市场机制，是有利于经济长足发展的。

6. 利率市场化包括哪些主要内容？

利率市场化主要由商业银行存贷款利率市场化和中央银行间接调控

两部分组成，具体如图2-2所示。

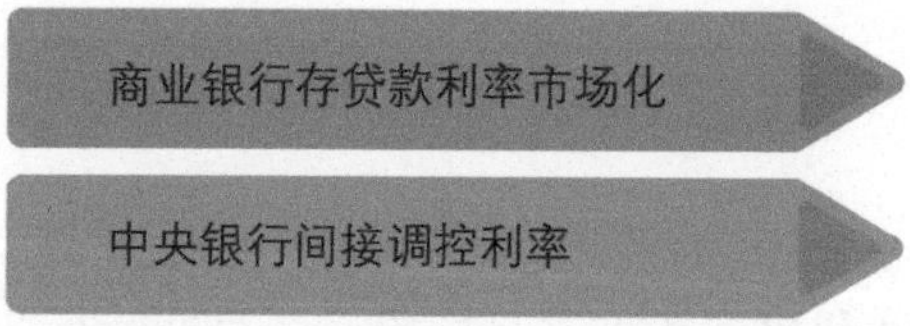

商业银行存贷款利率市场化

中央银行间接调控利率

图2-2 利率市场化的主要内容

■ 商业银行存贷款利率市场化

在利率市场化条件下，商业银行既是利率的制定者，也是利率的执行者。商业银行可以按照自身的资金需求、资产负债结构、风险结构等因素，对自身的利率政策进行及时调整，从而将风险把控在合理范围内，降低运营成本，提升自身的利润水平。在确定存款利率时，商业银行掌握完全自主权，基于对同业拆借利率上下浮动的把握，根据自身在金融市场中的竞争地位和市场动态、资金需求、成本与风险结构，对自身不同期限、不同档次的存款利率水平进行调整，确保长期存款利率水平接近于同业拆借利率，一般不低于同业拆借利率；短期存款利率水平接近于同业拆借利率，一般不高于同业拆借利率；一般大额存款利率水平接近于同业拆借利率，一般不低于同业拆借利率；一般小额存款利率水平接近于同业拆借利率，一般不高于同业拆借利率。

在确定贷款利率时，商业银行应基于中央银行规定的贷款利率区间，按照同业拆借利率的变化趋势、成本与风险结构、投资行业的发展现状、客户的信用水平，围绕基础利率上下调整贷款利率。

■ 中央银行间接调控利率

在利率市场化条件下，商业银行自行决定本行的存贷款利率，但并不意味着中央银行完全放弃对利率的调控。为避免部分大规模银行垄断金融，破坏和干扰正常的金融市场秩序，中央银行将通过规定存款利率上限、窗口指导等形式来间接调控利率。与此同时，中央银行还将借助再贴现、再贷款等手段对货币市场中的资金供求量进行调节，从而实现对存贷款利率的间接调控。

信用、信用工具及信用体系

信用是金融活动中不同主体产生的相互信任的社会关系及生产关系，是金融活动得以维系的重要前提。在第三章中，笔者将围绕信用、信用工具及信用体系展开论述，帮助读者了解信用的概念及其特征，对不同类型的信用工具形成初步认识，同时掌握"信用体系"的相关知识。

第一节　信用与信用工具

内容提要

在金融学中，"信用"可简单地理解为"借款"与"贷款"的关系，信用以偿还和付息为基本特征。在开展信用活动时，用于证明债权关系的各类凭据即为信用工具，包括国家信用工具、商业信用工具、银行信用工具等，具备风险性、收益性、流动性、偿还性等特征。

1. 什么是信用？

广义上来看，信用是指依附在人与人之间、组织与组织之间、商品交易之间相互信任的社会关系和生产关系。信用的高低，表明个人或组织履行承诺的能力。而在经济学中，信用是指在经济活动中授信人在充分信任受信人能够兑现其承诺的前提下，以签订合同等形式构成契约关系，由授信人向受信人发放贷款，在规定期限内回收本金并实现资产增值的价值运动。

在金融学领域中，信用也可以简单地理解为"借款"与"贷款"的关系。某人向银行申请一批贷款，企业向购货商赊取一批原材料，并约定在规定时间内偿还贷款、利息及货款，此时就获得来自"借款方"的信用额度。信任是取得信用的重要前提。按照宏观、中观、微观的角度，可以将信用划分为国家信用、银行信用、企业信用、个人信用等不同层次。其中，国家信用既包括了国家与国家的借贷关系，如我国面向海外发放的债券、贷款，又包括了本国政府与本国企业、本国居民的借贷关系，如政府面向社会发放国债等。而企业信用、个人信用则包括B-B和B-C信用，前者是指企业与企业的赊销关系，如A工厂向B公司提供原材料，二者规定B公司可先取得货物，5个月后B公司再支付货款；后者是指企业与个人的赊销关系，如个人使用信用卡购物消费，到下月的还款日再偿还债务。

2. 信用有哪些特征？

金融学中所讨论的信用，以偿还和付息为基本特征。信用是一种双方协定的借贷行为，以债务人到期偿还本金、支付利息为首要条件。在信用活动中，资金的所有权并未发生变化，但资金的使用权却由债权人转移到债务人身上。以信用方式来流通资金，闲置的资金以信用的形式得以聚集，并投放到其他的产业中进行利用，有利于实现不同产业利润率的平均化。与此同时，信用有利于资本的积累，大型企业可依托自身良好的信誉和经济实力，向银行争取更多的信贷支持，在不断扩大自身规模的过程中吞并小型企业，实现资本的集中和积累。

3. 什么是信用工具？

在进行信用活动时，用于证明债权关系的各类合法凭证被称之为信用工具。信用工具以书面形式流通和发行，是金融市场主要的交易对象，也是重要的金融资产。在金融活动中，资金的供给者和需求者以信用工具作为流通中介和债券凭据，如股票、债券等。伴随着金融市场的进一步发展，金融工具不断更新，功能更加完善，又出现诸如期货合约、远期合约等全新的金融工具。这些金融工具可融通资金的性质、规模、期限、使用场景有所不同，蕴含的成本风险、风险程度也存在巨大差异。

一般而言，信用工具由面值、到期日、期限、利率、利息支付方式五大要素构成。其中，面值是指信用工具凭证的票面价格，由面值币种和金额组成，到期日即债务人向债权人偿还本金的期限。

4. 信用工具包括哪些类型？

伴随着信用在现代经济生活中的深化和拓展，出现了不同类型的信用工具。按照信用形式，可以将其划分为商业信用工具、银行信用工具、国家信用工具、社会信用和股份信用工具4种类型，具体见表3-1。

表3-1 信用工具的类型

1	商业信用工具	商业信用工具以商业票据为主，是指在商业信用中债权人向债务人追偿债务的合法凭证
2	银行信用工具	银行信用工具以银行券和支票为主，是指伴随着商业信用工具的发展，商业银行为扩大贴现业务规模，面向社会发行的信用工具
3	国家信用工具	国家信用工具以政府债券为主，包含公债券、国库券等不同类型
4	社会信用和股份信用工具	社会信用和股份信用工具以股票和企业债券为主

■ 商业信用工具

商业信用工具以商业票据为主，是指在商业信用中债权人向债务人追偿债务的合法凭证。商业票据又可以划分为期票和汇票两种类型，期票是指债务人提供给债权人的规定在一定时间内支付债务的凭证；汇票是指由债权人提供给债务人要求其向第三方或持票人支付款项的命令书。

■ 银行信用工具

银行信用工具以银行券和支票为主，是指伴随着商业信用工具的发展，商业银行为扩大贴现业务规模，面向社会发行的信用工具。银行券由银行发行，是指可随时兑现、不定期的债务凭证，而支票则是指活期存款客户支取存款时向银行提供的凭证，可划分为转账支票、记名支票、不记名支票等不同类型。需要注意的是，若活期存款用户仅使用支票来提取现款，支票仅作为普通信用凭证；若活期存款用户将支票提供给第三者用于履行支付业务时，此时支票承担着流通和支付两种职能。伴随着商品经济的发展，支票流通成为最重要的银行信用工具之一，并促进非现金结算制度的成熟。

■ 国家信用工具

国家信用工具以政府债券为主，包含公债券、国库券等不同类型。其中，国库券是指由中央政府发行的、筹措短期借款的证书，而公债券是指政府发行的、筹措长期借款的债券凭证。持有国家信用工具的企业及个人可定期获得利息，到规定期限收回全部本金。

■ 社会信用和股份信用工具

社会信用和股份信用工具以股票和企业债券为主。其中，股票是股份公司发行的所有权凭证，是股份公司为筹集资金而发行给各个股东作为持股凭证并借以取得股息和红利的一种有价证券，每个股东所拥有的公司所有权份额的大小，取决于其持有的股票数量占公司总股本的比重。股票是股份公司资本的构成部分，可以转让、买卖，是资本市场主要的长期信用工具。而企业债券是指企业为筹措资金而发行的债权证书，持有企业债券的人可以按照票面所规定的利率从企业获得固定利息，到期时收回全部本金。

5. 信用工具的特征有哪些？

信用工具的特征如图3-1所示。

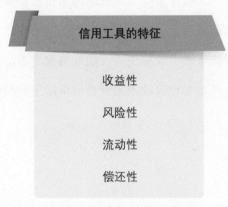

图3-1　信用工具的特征

■ **收益性**

信用工具能够产生定期或不定期的收益。一般情况下，可以将收益划分为固定收益、当期收益和实际收益三种类型。其中：固定收益是指双方事先规定好利率所获得的收益。从某种程度而言，固定收益就是名义收益，即信用工具收益与本金的比例。当期收益是指股票等信用工具按市场价格出售时所获得的收益。实际收益是指由于物价变动、货币购买力下降后的真实收益。

■ **风险性**

债权人为获得收益向债务人提供资金时，需要承担本金及利息无法收回的风险。不同信用工具的风险程度存在差异，风险类型可划分为违约风险、操作风险、市场风险、政治风险等。其中，债务人由于主观不愿意、公司破产等诸多原因不按照合约履行偿债义务的可能性被称之为违约风险；银行工作人员在审批贷款资质时未按照程序办事造成贷款难以收回的可能性被称之为操作风险；由于市场利率变动、物价波动等因素造成信用工具价格下跌引发损失的可能性被称之为市场风险；由于宏观政策调整、社会环境变化等政治因素造成信用工具损失的可能性被称之为政治风险。

■ 流动性

金融工具可以自由买卖并兑换为货币，因此金融工具具有一定的流通性。若金融工具在不遭受损失的情况下能够迅速交易并兑换为货币，则视其为流通性好；若金融工具难以交易，则视其为流通性差。

■ 偿还性

信用工具的债务人必须要按照合同的规定按时、定期偿还本金和利息。

第二节　信用体系

内容提要

在运用信用工具、开展信用活动的过程中，会形成一定的活动规则、治理机制，而这些规则与机制的集成构成完整的信用体系。建立完善、科学的信用体系在经济领域中具有重要意义，是深化市场改革、推动经济可持续发展的必然需要。本节将对信用体系的基本概念和重要价值做简单说明。

1. 什么是信用体系？

信用体系以国家为单位，也被称之为国家信用体系。信用体系基于健全的法律体系、完善的信息共享机制，是指包含社会全体经济主体信用信息的国家社会治理机制。信用体系的发展以信用服务市场的培育和成熟为重要动力。通过信用体系，能够有效记录社会全员的信用状况，从而达到惩戒失信、控制信用风险、净化金融市场环境等效果。

在信用体系的作用下，能够为信用交易培育一个健康发展的市场环境，推动金融市场从原始支付向信用支付转变，从而形成全新的市场交易规则，为一个国家的市场经济从稚嫩走向成熟、从渺小走向壮大提供良好基础。

2. 信用体系具有哪些重要意义?

信用体系的重要意义见表3-2。

表3-2 信用体系的重要意义

1	发展社会主义市场经济的必然需求
2	推动国民经济可持续发展的必然需求
3	预防金融风险、深化金融市场改革的必然需求

■ 信用体系是发展社会主义市场经济的必然需求

在市场经济发展的过程中,不同经济主体间存在错综复杂的关系。伴随着市场规模的扩大、市场关系的复杂化,形成一种全新的独立经济关系——信用关系。信用关系为市场交换提供根基,同时为建立规范的市场秩序提供保障。信用体系是否完善,直接体现了一个国家或地区的市场经济是否成熟。与此同时,由于信用本身具备货币属性,因此可以将其作为国家宏观调控的重要工具,发挥一定的经济调节价值。

■ 信用体系是推动国民经济可持续发展的必然需求

在社会信用活动中,不同规模、不同生产行业的企业是最活跃的主体。企业既是信用的需求者,也是信用的供给者。企业必须要借助金融机构来筹措大量的资金用于改造技术和扩大规模。若不健全社会信用体系,商业银行等金融机构在不知悉企业信用水平的状态下无法为其提供贷款,这直接阻塞了企业的信用渠道。因此,建立健全的信用体系,是促进各类企业发展、推动国民经济可持续前进的必然需求。与此同时，良好的市场信用环境，能够为信用交易扩大规模创造条件，进而刺激消费需求、拉动经济增长。

■ 信用体系是预防金融风险、深化金融市场改革的必然需求

金融安全是国家经济安全的重中之重，而信用风险是金融安全的头号威胁。当前，我国正处于经济转型的关键阶段，信用制度不健全、银行信用规模盲目扩大是造成我国存在巨大金融风险的根本原因。通过建立健全的社会信用体系，能够督促借款人自觉履约，提高自身偿还意愿，从而有效预防金融风险，为国家经济安全提供保障。金融作为现代经济的命脉，对金融市场的改革是经济发展的必经之路。当前，国内外金融形势涌现出全新的思路与变化，为了进一步深化金融市场改革，必须要坚持建立起覆盖全国的社会信用体系。

第四章

汇率与汇率制度

金融活动并不总在国家和地区内部进行，它还广泛发生在国家与国家之间。伴随着经济全球化、区域经济一体化趋势的增强，跨国金融活动日益频繁，了解汇率、汇率制度的重要性由此凸显。第四章将对汇率及汇率制度的基本概念、不同类型进行介绍。

第一节 外汇与汇率

内容提要

外汇是指货币行政当局以不同形式持有的债权，汇率则是指不同国家货币的兑换比率。在本节中，将对外汇的基本概念、不同类型外汇、外汇市场、汇率的基本概念、汇率的实际价值以及影响汇率的关键因素进行说明。

1. 什么是外汇？

外汇是国家国际储备的重要组成部分，也是清偿国际债务的主要手段，具体是指货币行政当局（中央银行、货币管理机构、外汇平准基金及财政部）以银行存款、财政部库券、长短期政府证券等形式保有的在

国际收支逆差时可以使用的债权。包括外国货币、外币存款、外币有价
证券（政府公债、国库券、公司债券、股票等)、外币支付凭证（票
据、银行存款凭证、邮政储蓄凭证等）。

按照受限程度，可以将外汇划分为自由兑换外汇、有限自由兑换外
汇和记账外汇3种类型（表4-1）。

表4-1　外汇的分类（按受限程度）

1	自由兑换外汇	是指能够在国际结算中自由买卖、自由贷款其他国家货币的外汇，如美元、港币
2	有限自由兑换外汇	是指未经过货币发行国家批准、无法自由兑换成其他货币或进行结算的外汇。按照国际货币基金组织的规定，在国际性贸易往来中支付和资金转移有一定限制的货币均为有限自由兑换外汇
3	记账外汇	是指记录在国际贸易双方指定银行账户上、不能兑换成其他货币、不可对第三国进行支付的外汇

按照外汇的来源，可以将外汇划分为贸易外汇、非贸易外汇和金融
外汇3种类型（表4-2）。

表4-2　外汇的分类（按来源）

1	贸易外汇	是指来源于进出口贸易的外汇，也被称之为实物贸易外汇
2	非贸易外汇	是指一切不来源于进出口贸易的外汇，以捐赠外汇、劳务外汇为典型代表
3	金融外汇	是指金融资产外汇，以银行同业买卖外汇为典型代表

除此之外，还可以将外汇划分为以下6种类型（表4-3）。

表4-3　外汇划分的其他6种类型

1	留成外汇	为鼓励企业创汇的积极性，企业收入的外汇在卖给国家后，根据国家规定将一定比例的外汇（指额度）返回创汇单位及其主管部门或所在地使用
2	调剂外汇	通过外汇调剂中心相互调剂使用的外汇
3	自由外汇	经国家批准保留的靠企业本身积累的外汇
4	营运外汇	经过外汇管理局批准的可以用收入抵支出的外汇
5	一次使用的外汇额度和周转外汇额度	一次使用的外汇额度指在规定期限内没有使用完，到期必须上缴的外汇额度;周转外汇额度在使用一次后还可继续使用
6	居民外汇和非居民外汇	境内的机关、部队、团体、企事业单位以及住在境内的中国人、外国侨民和无国籍人、驻华外交代表机构、领事机构、商务机构所取得的外汇

2. 如何解读外汇市场？

外汇市场是指交易、流通外汇的市场，并无统一概念。纵观国际金融市场，具有强大影响力、交易规模较为客观的外汇市场包括伦敦外汇市场、东京外汇市场、纽约外汇市场等。为帮助读者更好地理解外汇市场，将从外汇市场类型、外汇市场的参与主体、外汇市场的交易内容展开说明。

■ 外汇市场的类型

外汇市场的类型见表4-4。

表4-4　外汇市场的类型

1	大陆式外汇市场	在明确交易时间、在实体交易地点进行外币买卖的市场，多见于法国、德国等西欧国家
2	英美式外汇市场	没有具体交易时间、没有实体交易场所的外汇买卖市场，参与者借助电话、网络、电报等形式来完成交易活动，开盘和收盘的时间及地点不受限制 目前，美国、加拿大、英国等国家均采用这种外汇市场

■ 外汇市场的参与主体

外汇市场的参与主体见表4-5。

表4-5　外汇市场的参与主体

1	客户	外汇的买方和卖方，包括进出口商、国际投资者等
2	金融机构	专门经营外汇的商业银行、信托管理组织等
3	中介人	接受金融机构或客户委托，作为外汇交易中介人的经纪人
4	中央银行	必要情况下，中央银行需要对外汇市场的买卖活动进行干预

■ 外汇市场的交易内容

除去即时交易和远期交易外，外汇交易还包括掉期交易、套汇交易、选择权交易、套利交易等不同形式。其中，掉期交易与即时交易、远期交易同步进行，借助买卖不同交割期外汇的形式来规避汇率波动而引发的风险；选择权交易是指在外汇买卖的过程中，持有合约的一方享有履行合约或不履行合约的权力。在这种交易中，以企业为代表的合约购买人必须要向合约的签署人支付一定的权利金；套汇交易是指借助不同外汇市场中汇率的差异，在外汇价格较低的市场买入外汇，在外汇价格较高的市场抛售外汇，从而赚取差价；套利交易是指基于不同金融市场利率的差异，以调整短期资本投放地的形式来赚取差价，如将资金从利率较低的市场转移到利率较高的市场。

3. 什么是汇率?

汇率是指不同国家货币的兑换比率，即一个国家货币对另一个国家货币的价值。举例说明：美元对中国人是外汇，如果购买1美元，需要支付6.7855人民币，则1美元的汇率为6.7855人民币。按照外汇管理方式的差异，可以将汇率划分为固定汇率和浮动汇率两种类型。其中：固定汇率是指由中央银行规定利率高低、波动幅度的外汇汇率，而浮动汇率则是指不由国家或政府制定波动幅度，而是由外汇的市场供求关系来决定的外汇汇率。

4. 汇率有什么样的作用?

汇率的作用如图4-1所示。

汇率的作用

1. 汇率对进出口贸易的影响
2. 汇率对物价的影响
3. 汇率对资本流动的影响

图4-1　汇率的作用

■ 汇率对进出口贸易的影响

一般情况下，本币汇率下降，表明本币对外币贬值，此时本币的购买力下降，不利于进口，但有益于出口；本币汇率上升，表明本币对外币升值，此时本币的购买力上升，有利于进口，但不利于出口。

■ 汇率对物价的影响

本币汇率下降，表明本币对外币贬值，此时本币的购买力下降，进口商品在国内的价格上涨。需要注意的是，进口商品和原材料在国民总收入中所占的比重，将直接影响汇率对物价总指数的作用程度。

本币汇率上升，表明本币对外币升值，此时本币的购买力提升，进口商品在国内的价格下降。

■ 汇率对资本流动的影响

本币汇率下降，表明本币对外币贬值，此时本币的购买力下降，本国投资者、外国投资者不再愿意持有以本币计算价值的金融资产，选择将本币兑换为外汇，此时资本明显外流。在资本外流、外汇供不应求的状态下，本币汇率会进一步下降，本币贬值将加剧。

本币汇率上升，表明本币对外币升值，此时本币的购买力提升，本国投资者、外国投资者将手中持有的外汇兑换为本币，此时资本回笼，在外汇供过于求、本币供不应求的状态下，本币汇率进一步上升，本币升值明显。

5. 影响汇率的因素有哪些?

影响汇率的因素如图4-2所示。

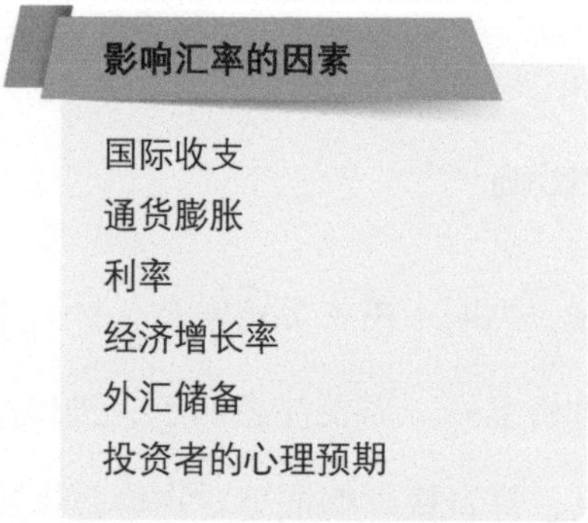

影响汇率的因素

国际收支
通货膨胀
利率
经济增长率
外汇储备
投资者的心理预期

图4-2 影响汇率的因素

■ 国际收支

若国际收支为顺差,此时外汇收入大于外汇支出,外汇储备增加,本国对于外汇的供给超过外汇需求,在供求关系的作用下,外汇汇率下降,本币汇率上升,本币升值。

若国际收支为逆差,此时外汇支出大于外汇收入,外汇储备减少,本国对于外汇的供给少于外汇需求,在供求关系的作用下,外汇汇率上升,本币汇率下降,本币贬值。需要注意的是,国际收支顺逆情况对汇率的影响作用并不是绝对的,比如美国国际贸易逆差不断增加,但美元汇率仍然坚挺。

■ 通货膨胀

通货膨胀是普遍发生的,若本国的通货膨胀率超过外国的通货膨胀率，此时本国货币贬值，本币汇率下降，外汇汇率上升；相应的，若本国的通货膨胀率低于外国的通货膨胀率，此时本国货币升值，本币汇率上升，外汇汇率下降。

■ 利率

不同国家的利率水平存在差异，利率水平的变化会导致短期资金流入或流出，进而影响外汇需求。若一国利率提高，外国投资者对于该国货币的需求增加，在供求关系的影响下，该国货币升值，本币汇率上升，则外汇汇率下降；若一国利率下降，外国投资者对于该国货币的需求减少，在供求关系的影响下，该国货币贬值，本币汇率下降，外汇汇率上涨。需要注意的是，在分析利率对资本流动所产生的影响时，需要对远期汇率作充分考虑，只有在利率变动足以抵消未来汇率不利变动且存在足够利好的状态下，资本才能够实现在国际范围内的自由流动。

■ 经济增长率

高经济增长率对应高汇率；低经济增长率对应低汇率。

■ 外汇储备

外汇储备越高，本币汇率上升；外汇储备越少，本币汇率下降。

■ 投资者的心理预期

本国投资者和外国投资者对于货币的信用评价和主观判断，在国际金融市场中具有重要影响。投资者对货币的评价越高、信心越强，则货币升值、汇率上升；投资者对货币的评价越低、信心越差，则货币贬值、汇率下降。除以上因素以外，汇率的高低还与各国的汇率政策、金融市场动态、贸易政策等密切相关。

第二节 汇率制度

内容提要

不同国家、地区和国际组织会针对汇率制定一系列的管理制度、活动规则，由此形成完整的汇率制度体系。在本节中，将对汇率制度的基本概念、汇率制度的主要内容、影响汇率制度制定的关键因素进行介绍。

1. 什么是汇率制度？

汇率制度是指各个国家、地区或国际组织为管理汇率所制定的原则、方法、制度的总和。根据汇率波动的幅度，可以将汇率制度划分为固定汇率制和浮动汇率制两种类型。其中，固定汇率制度是指国家间采取固定的兑换比率来交换货币的制度。一国政府将本国货币的价值与其他国家货币或一揽子其他货币进行固定对应；而浮动汇率制度是与固定汇率制度相对而言的概念，是指在外汇市场中汇率基于供求关系自由波动的制度。若本国货币的供给大于市场需求，则本国汇率下降；若本国货币的市场供给小于市场需求，则本国汇率上升。

20世纪70年代前，在布雷顿森林体系的影响下，西方诸多国家均采用以美元为中心的固定汇率制度。由于美国的经济实力有所下降，国际收支连年逆差，且出现恶性通货膨胀，美国爆发严重的美元危机，并最终导致布雷顿森林体系崩溃，自此，各国均开始采用浮动汇率制度。

2. 汇率制度包括哪些内容？

汇率制度的内容如图4-3所示。

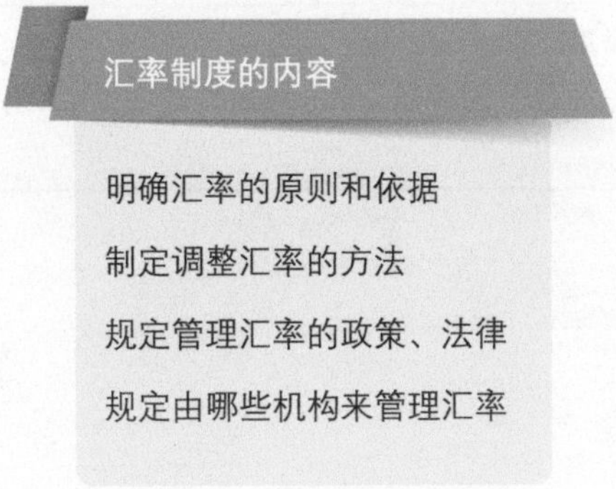

汇率制度的内容

明确汇率的原则和依据
制定调整汇率的方法
规定管理汇率的政策、法律
规定由哪些机构来管理汇率

图4-3　汇率制度的内容

3. 影响汇率制度的因素有哪些？

一个国家或地区在制定汇率制度时，需要对以下因素作充分分析（表4-6）。

表4-6 影响汇率制度的因素

1. 对外开放程度
若对外贸易在国民生产总值中所占的比重较高，货币不稳定会产生较高的贸易成本，此时应选择固定汇率制度
2. 通货膨胀率
对比主要贸易国来看，本国的通货膨胀率较高，则需要采取浮动汇率制度，避免本国商品在国际市场中的优势地位丧失
3. 金融市场发育程度
若金融市场处于幼稚阶段，应采取固定汇率制度，避免大量外汇对本国金融市场的剧烈冲击。若已经形成健全、稳定的金融市场，自身金融体系具有较强的风险抵御能力，则可以采取相对灵活、符合市场规律的浮动汇率制度
4. 资本流动性
资本流动性越高，就越应当选择浮动汇率制度;资本流动性越差，就应当选择固定汇率制度
5. 政策制定者的信誉度
政策制定者(中央银行、国家政府)的信誉度越高，越倾向于采取浮动汇率制度

第五章

国际收支及国际储备

在开展国际贸易活动的过程中，一个国家或地区外币的收入及支出情况被称之为国际收支；国际储备是指一国拥有的、能够用于国际支付和结算并且维持本国货币汇价的货币资产。国际储备和国际收支体现了一个国家的宏观调控能力，也展现着一个国家的综合经济实力。本章将对国际收支、国际储备的定义、构成及影响因素进行介绍。

第一节　国际收支

内容提要

本节将介绍国际收支的基本定义，同时对记录国际收支的国际收支平衡表进行说明。

1. 什么是国际收支？

在国内贸易中，家具厂的王经理向木材厂购买一批木材，收到木材后，王经理向木材厂支付10000元人民币，木材厂清点货款后确认无误向王经理出具收据。而在国际贸易中，家具厂的王经理向俄罗斯的木材厂购买一批木材，在购买时向俄罗斯的木材厂支付人民币，此时俄方的木材厂拒绝接受人民币，要求王经理支付卢布。因此，王经理必须前往银行将人民币兑换为卢布再向俄方支付货款。在这两笔交易中我们可以清楚地发现，由于在国际贸易中不同国家的货币存在差异，因此会产生支付问题。根据国际货币基金组织的定义，国际收支是指国际贸易中外币的收入和支出情况，它休现了一国同世界其他地方在商品及劳务方面的交易，同时也说明了该国的货币性黄金、特别提款权及其他对外债务所有权的变化。

2. 国际收支平衡表的构成是怎样的？

一切国际收支都被记录在国际收支平衡表中。国际收支平衡表将引起外国对本国的支付的一切贸易活动计入"贷方"，如商品和劳务的出口、资本的流入；将引起本国对外国支付的一切贸易活动计入"借方"，如商品和劳务的进口、资本的流出。国际收支平衡表一般由3部分组成，具体见表5-1。

表5-1 国际收支平衡表的构成

1	经常账户	一国国际收支的主要组成部分包括商品贸易收支（即有形货物的进出口）及服务贸易收支（即诸如旅游、银行及保险等各种服务的往来）
2	金融账户	金融账户用于度量一国在国际贸易中的金融及实物资产收支情况
3	官方储备账户	用于记录本国黄金、外汇的增减变动情况

■ 经常账户

经常账户（Current Account）是一国国际收支的主要组成部分，主要包括商品贸易收支（即有形货物的进出口）及服务贸易收支（即诸如旅游、银行及保险等各种服务的往来）。若本国经常账户盈余，则表明对比向外国人购买的进口商品而言，本国面向外国销售了更多的商品和劳务。需要注意的是，经常账户不包含长期借贷和投资的资金流，这些均是资本账户上的项目。

经常账户的计算公式如下：

经常账户余额＝国际贸易收支的总和－生产要素收入－转移支付

■ 金融账户

金融账户用于度量一国在国际贸易中的金融及实物资产收支情况。若一国的某个企业或个人向国外投资者出售某项金融或实物资产，此时该笔交易被作为资本流入记录到国际收支平衡表中；若一国的某个企业或个人从国外购买某项金融或实物资产，此时该笔交易被作为资本流出记录到国际收支平衡表中。若本国的金融账户盈余，则表明对比向外国人出售的资产来看，本国居民向外国人购买了更多的资产；若本国的金融账户为负值，则表明对比本国居民向外国人购买的资产来看，本国居民向外国人出售的资产更多。

■ 官方储备账户

官方储备账户，用于记录本国黄金、外汇的增减变动情况。

按照国际收支平衡表上经济交易的性质，可以将国际交易划分为自主性交易、调节性交易两种类型。其中，自主性交易是指一国出于经济利益、政治立场或国际道义而自动进行的贸易活动，如对外援助、贸易、汇兑等；而调节性交易是指出于弥补自主性交易差额而进行的贸易活动，如使用本国黄金储备、获得国际金融组织的融资等。若自主性交易收入大于支出，则称之为国际收支顺差；若自主性交易支出大于收入，则称之为国际收支逆差。判断一国的国际收支平衡，主要以自主性交易的平衡程度为依据。若无需借助调节性交易来弥补自主性交易的差额，则表明国际收支平衡；若需要调节性交易来弥补自主性交易的差额，则表明国际收支失衡。

第二节　国际储备

内容提要

国际储备是指一国拥有的可进行国际支付和结算的货币资产，是维持国际收支平衡、保持汇率稳定的重要资产。在第二节中，将介绍国际储备的基本概念、国际储备的构成以及影响国际储备的相关因素。

1. 什么是国际储备？

国际储备是指一国拥有的、能够用于国际支付和结算并且维持本国货币汇价的货币资产。一般情况下，国际储备由国家持有黄金、国家持有的可自由兑换货币、在国际货币基金组织的储备资产及提款权构成。需要注意的是，可自由兑换货币并不是固定的，伴随着国际地位、经济实力的变化，世界先后出现美元、英镑等自由兑换货币。当前，国际收支中使用最广泛的货币仍然为美元。

国际储备与不同国家调节国际收支和维持汇率稳定密切相关，且作用于世界物价水平，深刻地影响着国际贸易活动。一切国际储备都必须满足三个条件：一国的中央银行必须具备无条件获取此类资产的资质；此类资产必须具备良好的流动性；该资产必须得到国际的普通认可和接受。

2. 国际储备由哪些因素构成？

国际储备由自有储备和借入储备构成（表5-2）。

表5-2　国际储备的构成

| 1 | 自有储备 | 由一国的货币性黄金、外汇储备、普通提款权和特别提款权构成 |
| 2 | 借入储备 | 由备用信贷、互惠信贷和支付协议、本国商业银行对外短期可兑换货币资产构成 |

■ 自有储备

是由一国的货币性黄金、外汇储备、普通提款权和特别提款权构成。国际储备以外汇储备为主体,而普通提款权（也被称之为储备头寸）是指一成员国在基金组织的储备部分提款权余额,再加上向基金组织提供的可兑换货币贷款余额;特别提款权是指由国际货币基金组织根据会员国认缴的份额分配的,可用于偿还国际货币基金组织债务、弥补会员国政府之间国际收支逆差的一种账面资产。

■ 借入储备

由备用信贷、互惠信贷和支付协议、本国商业银行对外短期可兑换货币资产构成。其中,备用信贷是一成员国在国际收支发生困难或预计要发生困难时,同国际货币基金组织签订的一种备用借款协议。互惠信贷和支付协议是指两个国家签订的使用对方货币的协议。按照互惠信贷协议,当其中一国发生国际收支困难时,可按协议规定的高低限额和最长使用期限,自动地使用对方的货币,然后在规定的期限内偿还。按照此协议获得的储备资产是借入的,可以随时使用。

3. 什么是国际清偿能力?

国际清偿能力是与国际储备密切相关的一个重要概念,它是指一个国家的对外支付能力。国际清偿能力是融通国际收支赤字的重要支撑,在维持本国汇率稳定、干预外汇市场方面发挥重大作用。与此同时,国际清偿能力也是一个国家对外借债的重要凭据和保障。

国际清偿能力包括表5-3所示的三个部分。

表5-3　国际清偿能力的构成

1	本国的自有国际储备，由国际储备中的货币性黄金和外汇储备构成
2	本国的借款能力
3	本国商业银行持有的全部外汇资产

对比国际储备，国际清偿能力所包含的内容更为广泛，它不仅指一个国家货币当局持有的不同国际储备，同时还包括了这个国家向外国政府、国际金融组织借款的能力。换而言之，国际储备是指一个国家现实的对外清偿能力，而国际清债能力则是指该国现实偿债能力与未来偿债能力的总合。

4. 影响国际储备的因素有哪些?

整体来看，一个国家的国际储备取决于其在一定时间内的经济发展水平和战略目标。什么样的国际储备规模是合适的呢？按照特里芬在《黄金和美元危机》中的观点：一个国家的国际储备应当以进口额的40%为标准，最低不能小于进口额的20%。基于这一观点，国际上通常认为标准国际年储备量应当为一个国家3个月的进口额。

细化来看，影响国际储备的因素包括以下几点（图5-1）。

影响国际储备的因素

1. 进口贸易规模
2. 贸易差额的波动水平
3. 持有国际储备的机会成本
4. 国家的汇率制度及政策
5. 外债的规模
6. 本国货币在国际货币体系中的地位

图5-1　影响国际储备的因素

■ 进口贸易规模

国际储备最重要的功能是弥补国际收支逆差。若进口贸易规模越大，所占用的外汇资金较多，出现国际收支逆差的风险较高。为弥补国际收益逆差，就必须要保持较大规模的国际储备。相反的，若进口贸易规模较小，所占用的外汇资金较少，出现国际收支逆差的缺口较小，就无需保持较多的国际储备。

■ 贸易差额的波动水平

一般情况下，贸易差额波动幅度越大，国际储备水平越高。

■ 持有国际储备的机会成本

持有国际储备的机会成本越高，意味着持有国际储备的同时丧失利用实际资源的代价越大，此时国际储备应当减少。即：持有国际储备的机会成本越高，国际储备水平越低。

■ 国家的汇率制度及政策

若国家选择浮动汇率制，其国际储备规模相对较小；相应的，若国家选择固定汇率制，其持有的国际储备规模较大。

■ 外债的规模

外债规模越大，期限越短，意味着在短期内承担巨大的偿债压力，此时必须要持有较多的国际储备。

■ 本国货币在国际货币体系中的地位

若本国是国际货币基金组织的成员国且参与特别提款权的分配，该国的国际储备不仅包括货币性黄金和外汇储备，还包括了普通提款权和特别提款权，该国的国际储备规模由此扩大，国际清偿能力也随之提升。

第二篇

金融体系与金融市场

第六章

金融体系

　　金融体系包括金融资产、金融机构、交易市场等不同部分。掌握金融体系的基本概念，知悉金融体系的重要功能，能够帮助我们从更宏观的角度理解金融活动掌握国民经济"命脉"的缘由。在第六章中，将对金融体系展开详细论述，由于不同国家的金融体系存在差异，将对比中国的金融体系和美国的金融体系，帮助读者更加轻松地了解金融体系的构成及功能。

第一节　金融体系

> **内容提要**
>
> 　　金融体系包括金融调控体系、金融组织体系、金融监管体系、金融市场体系和环境体系，完整的金融体系承担着清算支付、融通资金、细化股权等不同功能。在本节中，将以金融体系的构成和实际功能为论述重点。

1. 什么是金融体系？

　　在经济体中，金融体系被视为资金流动的基本框架，是指包含金融资产、中介机构、交易市场的综合体。不同国家的金融体系存在差异，因此我们无法采取一个程式化的模式对金融体系进行概括。但通过阐述金融体系的构成、功能，对比中美两个典型国家的金融体系，相信读者心中会对"金融体系"有所了解。

2. 金融体系由哪些因素构成？

不同国家金融体系中对组织的命名有所差异，且不同功能的设置也存在不同。但万变不离其宗，一切金融体系都包含调控体系、组织体系、监管体系、市场体系和环境体系五大要素，具体见表6-1。

表6-1　金融体系的构成

1	金融调控体系	金融调控体系是国家宏观调控的重要组成部分
2	金融组织体系	金融组织体系是指由活跃在金融市场中交易双方构成的企业体系
3	金融监管体系	金融监管体系大致可划分为两种类型，分别为分业经营分业监管体系和混业经营统一监管体系
4	金融市场体系	资本市场
5	金融环境体系	金融环境体系包括融资环境、政策环境等不同组成部分

■ 金融调控体系

金融调控体系是国家宏观调控的重要组成部分。在金融调控体系中，包含货币政策与财政政策的相机协调、如何稳定货币价值和供应量、传导机制的完善、统计监测工作、调控水平的改善等，具体包括利率市场化、汇率形成机制、货币与资本的结合、货币与保险的结合、资本与保险的结合、支付清算系统等不同内容。

■ 金融组织体系

金融组织体系是指由活跃在金融市场中交易双方构成的企业体系，具体包括中央银行、商业银行、金融机构、证券公司、信托公司、保险公司、国有银行、互联网金融企业等。

■ 金融监管体系

金融监管体系大致可划分为两种类型，分别为分业经营分业监管体系和混业经营统一监管体系。其中，分业经营分业监管是指划分金融行业的不同机构主体及业务范围，并分别对这些机构主体进行监管的金融体系，如由中央银行监管银行业，由证监会监管证券业，由银行保监会监管保险业，这些不同的监管机构分工明确、协调配合，共同构成完整的金融监管体系。而混业经营统一监管是指银行、保险、证券等不同机构可以进入各自的业务领域开展多元化经营，而由统一的监管机构对其进行调控和管理。

■ 金融市场体系

金融市场体系即资本市场，具体包括构建多元化资本市场体系、提供资本市场产品、建设创业板市场、发展债券市场、健全交易结算体系、培育期货市场等不同组成部分。

■ 金融环境体系

金融环境体系包括融资环境、政策环境等不同组成部分，涉及现代产权制度的完善、公司法人制度的健全、社会信用体系的培育与完善、政府经济管理职能的转变、投资体制的深化改革等。

3. 金融体系有哪些功能？

参考哈佛大学金融学教授罗伯特·默顿的观点，金融体系的功能包括以下几点（图6-1）。

金融体系的功能

1. 清算和支付功能
2. 融通资金和股权细化功能
3. 经济资源转移功能
4. 风险管理功能
5. 信息提供功能
6. 激励功能

图6-1　金融体系的功能

■ 清算和支付功能

清算和支付功能是指金融体系提供的清算及支付商品、劳务和资产的功能。伴随着经济货币化趋势的日益增强，建立健全的、具有实用性的清算和支付系统至关重要。因此，金融体系以清算和支付系统为基础，从而规避不必要的交易成本。在一个高效、信息流畅的社会交易体系中，有效的支付系统是必要前提，它既能够有效降低交易成本，推动社会分工专业化的发展，与此同时也是促进技术创新、改善生产效率的重要工具。

■ 融通资金和股权细化功能

金融体系的融通资金功能有两层内涵：首先，金融体系能够对社会全体成员的储蓄资源进行动员，从而实现金融资源配置的优化，将资金转化为有效的生产力。其次，金融体系也为各类投资活动提供了渠道，并为社会储蓄者提供了全新的收入方式。在金融体系中，个体投资项目的风险得以分散，而分散的社会资源得以聚集，并产生相应的集约效应。金融体系的资金融通服务，为长期投资提供了资金来源，为各类企业的股权融资活动创造了条件，同时也为各类技术创新和风险投资活动提供了资金供给平台。

金融体系的股权细化功能是指金融体系将大型的投资项目划分为小额的股份，使得中小型投资者能够参与进来，并获得相应的收益。在细化股权的过程中，金融体系实现对公司经理人的监督和管理、对公司的管控。在当代社会，股权社会高度分散化、公司经营职业化成为公司组织的重要发展趋势。借助金融体系所提供的全新机制，以外部放款人的形式对公司内部进行有效监督，从而缓冲"信息不对称"所引发的一系列问题，有效保护中小投资者的切身利益。

■ 经济资源转移功能

金融体系为经济资源的转移提供了渠道和机制。经济的发展以充分的资源为重要前提。但要想实现又快又好的发展，还必须保证具有良好的资源配置效率。投资活动中"信息不对称"的问题普遍存在，由于投资者难以全面、及时地了解生产风险、项目投资回报率、经营管理者的水平，因此必须形成一个客观的金融中介机构，从而对公司、经理人作出科学的评估。借助金融体系所提供的中介服务和风险共同承担机制，能够有效改善社会资本的投资配置效率，从而达到分散风险、科学评估项目与经理人的效果。

■ 风险管理功能

金融体系为预测和控制风险提供了丰富手段。在中长期资本投资活动中存在信息不对称、交易成本、操作风险等一系列问题，借助金融系统和金融机构来交易可分散和转移风险，金融体系与交易双方共同承担风险，从而维持整体经济的平稳运行。

■ 信息提供功能

金融体系以价格信号的形式，向企业、政府、投资者提供重要信息，而这些信息将是不同组织决策的重要依据。举例说明，投资者可以通过股票价格的变动，来判断企业的经营状况和财务水平，而管理部门借助金融体系所提供的信息，能够判断不同经济主体的金融交易活动是否合法。

■ 激励功能

在经济发展的过程中，不同经济主体的目标存在差异，经济利益也无法统一。现代企业采取所有权和控制权相分离的治理结构，往往会面临在其位不谋其政的问题，引发职业倦怠等一系列问题，如何解决好激励问题就显得尤为关键。金融体系以股票、期权等形式，让企业的管理者和基层员工享有部分所有权，从而让其意识到企业的效益与其自身利息密切相关，这样一来，就能够有效调动员工的积极性，激励员工发挥主观能动性去改善企业绩效，进而实现员工与公司的经济利益统一。

第二节　中西方金融体系的对比——以中美为例

内容提要

美国的金融体系由联邦储备银行系统、商业银行系统和非银行金融机构构成，而中国的金融体系由中央银行、中国银监会、国家外汇管理局、国有重点金融机构监事会、政策性金融机构和商业性金融机构构成，二者机构设置存在差异，不同机构的功能也存在区别。

1. 如何解读美国的金融体系？

美国金融体系由联邦储备银行系统、商业银行系统和非银行金融机构构成。其中，美国联邦储备银行为中央银行，其职能包括发行货币、管理私人银行、代理国库、制定和执行货币政策。美国联邦储备银行所制定的政策用于调节货币供应量、控制信贷增长规模，是宏观经济调控的重要组成部分（表6-2）。

表6-2 美国的金融体系

1	联邦储备银行系统	联邦储备银行系统由联邦储备总裁委员会、联邦公开市场委员会、区域性联邦储备银行、数千家会员银行构成
2	商业银行系统	在美国金融体系中，美国商业银行具有耀眼的地位，扮演着重要的角色，是美国金融体系的骨干力量
3	非银行金融机构	美国的非银行金融机构主要由储蓄协会、信用社、财务公司等组成

■ 联邦储备银行系统

联邦储备银行系统由联邦储备总裁委员会、联邦公开市场委员会、区域性联邦储备银行、数千家会员银行构成。其中，联邦储备银行系统的最高权力机构为联邦储备总裁委员会。联邦储备总裁委员会由7名委员组成，负责制定全国的货币政策，监管区域性联邦储备银行、数千家会员银行、商业银行及非银行金融机构。而联邦公开市场委员会则为货币政策的执行机构，由联邦储备总裁委员会7名委员、5名区域性联邦储备银行行长组成。区域性联邦储备银行则是经美国《联邦储备法》确认，分别为美国12个储备区设立的联邦储备银行分行，每家区域性联邦储备银行均设置董事会作为法人机构。会员银行则为美国的私人银行，由其资源决定是否加入联邦储备银行系统。若加入联邦储备银行系统，联邦储备银行系统会为会员银行的私人存款业务提供担保，但会员银行必须要向联邦储备银行系统缴纳一定的存款准备金。

■ 商业银行系统

在美国金融体系中，美国商业银行具有耀眼的地位，扮演着重要的角色，是美国金融体系的骨干力量。20世纪80年代，美国有超过15000家商业银行，持有逾2万亿美元资产，占美国金融资产的30%，其庞大规模和经济实力可见一斑。在早期，美国商业银行主要开展存款和信贷业务。1986年美国取消储蓄存款利率上限后，各类商业银行纷纷推出各类金融产品，造成金融市场竞争激烈，加之第三世界债务危机的影响，美国大量商业银行倒闭。直至1991年，持有230亿美元的新英格兰银行集团宣告破产，向美国金融业释放巨大信号，引起业界巨大震荡。近年来，美国通过大量法案不断调整商业银行系统，美国商业银行开始朝着分支行制和持股银行制发展，商业银行借助银行持股公司去收购其他企业股票，进而影响企业的经营管理，冲破了商业银行不可经营工商企业的束缚，呈现出银企高度融合的全新特征。

■ 非银行金融机构

美国的非银行金融机构主要包括储蓄协会、信用社、财务公司等。

其中，储蓄协会是指发放房地产贷款和储蓄产品的金融机构，受到美国货币监督署的严格监管。对比商业银行来看，储蓄协会的规模较小，尽管能够开展类似于商业银行的商业贷款及交易存款业务，但按照美国相关法律的规定，储蓄协会的商业贷款占总贷款的比例须低于20%，且必须通过放贷合格测试，确保其资产的65%为住宅抵押贷款或按揭证券。信用社同样提供发放贷款、储蓄等业务，但在美国，信用社是由存款账户持有人拥有的、不以营利为目的的金融机构，由美国国家信用社管理局监管。这些存款账户持有人被定义为"会员"，会员多为同一个公司的雇员，或是生活在相同地区的人员，他们可以从信用社借取消费贷款和住房抵押贷款。财务公司是指提供贷款但不发行存款的金融机构。一般情况下，财务公司提供商业票据、债券等短期债务工具和长期债务工具，但由于财务公司不具备被保险覆盖的存款资金，因此杠杆水平较低，需要拥有更多股权来提高清偿能力。对比商业银行等存款性金融机构来看，财务风险受到的监管相对宽松。

2. 如何解读我国的金融体系？

我国金融体系由中央银行、金融监管机构、国家外汇管理局、国有重点金融机构监事会、政策性金融机构和商业性金融机构构成，不同机构的地位和功能见表6-3。

表6-3　我国的金融体系

1	中央银行	我国的中央银行为中国人民银行
2	金融监管机构	我国金融监管机构包括中国银行保险监督管理委员会、中国证券监督管理委员会和中国人民银行
3	国家外汇管理局	成立于1979年，是依法进行外汇管理的行政机构
4	国有重点金融机构监事会	国务院针对国有政策性银行、商业银行、金融资产管理公司、证券公司、保险公司设立的监事会
5	政策性金融机构	由我国政府发起、成立，为配合政府财政政策、货币政策而开展融资和信用活动的金融机构
6	商业性金融机构	各种商业银行、证券机构和保险机构等

■ 中央银行

我国的中央银行为中国人民银行。中国人民银行成立于1948年，由国务院直接领导，负责制定货币政策、执行货币政策、维护金融市场稳定、管理外汇和汇率、为各地经济发展提供资金支持、指导金融活动、预防和控制金融风险。

■ 金融监管机构

我国金融监管机构包括中国银行保险监督管理委员会、中国证券监督管理委员会、中国人民银行。其中，中国银行保险监督保险委员会简称中国银保监会，成立于2018年，其主要职责是依照法律法规统一监督管理银行业和保险业，维护银行业和保险业合法、稳健运行，防范和化解金融风险，保护金融消费者合法权益，维护金融稳定。中国证券监督管理委员会简称中国证监会，成立于1992年，其职责是依照法律、法规和国务院授权，统一监督管理全国证券期货市场，维护证券期货市场秩序，保障其合法运行。

■ 国家外汇管理局

国家外汇管理局成立于1979年，是依法进行外汇管理的行政机构。其工作内容包括制定外汇管理体制的政策、促进国际收支平衡、统计和监测国际收支及对外债务债权、按照相关法律和政策的规定发布相关信息、监督全国外汇市场、培育和发展外汇市场、监测跨境资金的流动等。

■ 国有重点金融机构监事会

国有重点金融机构监事会是指国务院针对国有政策性银行、商业银行、金融资产管理公司、证券公司、保险公司设立的监事会，负责监督和管理国有金融机构的资产质量，由中央金融工委进行管理。

■ 政策性金融机构

政策性金融机构是指由我国政府发起、成立，为配合政府财政政策、货币政策而开展融资和信用活动的金融机构。目前，我国的政策性金融机构包括国家开发银行、中国进出口银行和中国农业发展银行三大政策性银行。政策性银行不以营利为目的，其经营活动受到央行、国家经济政策的指导和约束。

■ 商业性金融机构

商业性金融机构是指以经营工商业存放款、证券交易与发行、资金管理等一种或多种业务，以利润为主要经营目标的金融企业，如各种商业银行或存款机构、商业性保险公司、投资银行、信托公司、投资基金和租凭公司等。

第七章

第七章

银行业金融机构与非银行业金融机构

银行业金融机构和非银行业金融机构，是金融市场中活跃的主体。在本章中，将对不同类型的银行业金融机构和非银行业金融机构进行介绍。

第一节　银行业金融机构

内容提要

银行金融机构是金融市场的核心组织，包括政策性银行、商业银行等不同类型。

1. 什么是银行业金融机构？

银行业金融机构是指包括商业银行、城市信用合作社、农村信用合作社等吸收公众存款的金融机构以及政策性银行。

2. 银行业金融机构有哪些类型？

银行业金融机构的类型有：政策性银行，如国家开发银行、中国进

出口银行、中国农业发展银行；国有商业银行，如中国工商银行、中国
农业银行、交通银行等；股份制银行，如中信银行、华夏银行、招商银
行等；中国邮政储蓄银行；城市商业银行，如北京银行股份有限公司、
天津银行、吉林银行等；民营银行，如上海华瑞银行、中关村银行等；
农村商业银行，如北京农村商业银行、天津农村商业银行等；外资银
行等。

第二节　非银行业金融机构

内容提要

　　非银行业金融机构是指除商业银行和专业银行以外的所有金
融机构，具体包括信托投资机构、融资租赁机构、保险机构等，
本节将对不同类型非银行金融机构的业务模式、下属机构等进行
介绍。

1. 什么是非银行业金融机构？

　　顾名思义，非银行金融机构就是指除银行以外的其他金融机构。不
同国家对于非银行业金融机构的定义存在差异，在我国，非银行业金融
机构是指经过央行、证监会、银保监会批准成立的除商业银行和专业银
行以外的金融机构。此类机构的贷款业务灵活，手续简便，多面向中小

企业提供融资服务，在社会资金融通方面发挥着不可替代的重要作用。

2. 非银行金融机构有哪些类型？

不同国家非银行金融机构的类型存在差异，由于篇幅有限不再详细说明。此处仅对我国非银行金融机构的形式进行简要介绍。当前，我国非银行金融机构主要包括信托、证券、保险、融资租凭等机构以及农村信用社、财务公司等，如表7-1所示。

表7-1　非银行金融机构的类型

1	信托投资机构	信托投资机构是指办理金融信托业务的机构
2	证券机构	专门（或主要）办理证券业务的金融机构
3	合作金融机构	合作金融机构是指由私人或团体组织形成的互助性集体金融机构，其资源来源于其成员缴纳的股金或存款
4	保险机构	保险机构是经营保险业务的金融机构
5	融资租赁机构	融资租赁是目前国际上最为普遍、最基本的非银行金融形式

■ 信托投资机构

信托投资机构是指办理金融信托业务的机构。信托是指委托人基于对受托人的信任，将其财产权委托给受托人，由受托人按照委托人的意愿对受益人的利益进行管理的行为。当前，信托机构已经衍生出信托银行、信托商、银行信托部、信托投资公司等不同类型。

■ 证券机构

证券机构是指专门（或主要）办理证券业务的金融机构。证券机构是随着证券市场的发展而成长起来的，主要有证券交易所、证券公司、证券投资信托公司、证券投资基金、证券金融公司、评信公司、证券投资咨询公司等。

■ 合作金融机构

合作金融机构是指由私人或团体组织形成的互助性集体金融机构，其资金来源于其成员缴纳的股金或存款。常见的合作金融机构包括农村信用合作社、劳动金库、储蓄协会、城市信用合作社等。

■ 保险机构

保险机构是经营保险业务的金融机构。此类金融机构通过收取保费，将保费所得资本投资于股票、债券等其他项目并获得收入后，其收益与支付保险赔偿的差额即为其主要盈利来源。目前，主要的保险机构包括保险公司、保险合作社、国家保险局等。

■ 融资租赁机构

融资租赁是目前国际上最为普遍、最基本的非银行金融形式。它是指出租人根据承租人的请求，与供货商订立供货合同，根据此合同，出租人出资购买承租人选定的设备。同时，出租人与承租人订立一项租赁合同，将设备出租给承租人，并向承租人收取一定的租金。常见的融资租赁机构包括由商业银行注资管理的租赁公司、租赁业务部，以及由制造商设立的附属租赁公司等。

第八章

中央银行与金融监管机构

一个国家或地区的经济活动，离不开国家层面的引导和管理。在第八章中，将对中央银行及金融监管机构的类型、存在原因及意义、金融职能进行介绍。其中，中央银行是一个国家或地区的中心金融机构，是国家发挥宏观调控职能的主要渠道。不同国家的金融监管机构设置存在差异，所对应的金融监管体制也有所不同。

第一节　中央银行

> **内容提要**
>
> 中央银行在经济体中扮演着举足轻重的角色，是制定国家宏观金融政策、监管金融市场的中心组织。在本节中，将对中央银行形成的历史背景、存在价值、金融职能进行介绍。

1.什么是中央银行？

中央银行是指在一个经济体中占据主导地位的金融中心机构，是国家经济宏观调控的重要工具。一般由中央银行负责制定国家货币政策、发行货币、监管金融市场。在我国，中国人民银行为中央银行。

2. 中央银行形成的原因是什么？

■ 历史背景

① 经济基础

中央银行最早产生于17世纪下半叶，定型于19世纪初。在商品经济发展的过程中，西方国家为应对资本主义经济周期、资本主义经济的矛盾所引发的经济危机，企图借助发行债券等货币制度来力挽狂澜。与此同时，资本主义产业革命进一步解放生产力，促进银行业的蓬勃发展，银行信用业呈现出普遍化、集中化的特征，这为中央银行的出现奠定了重要的经济基础。

② 设立央行是国家意志的体现

商品经济的迅速发展，客观上要求资产阶级政府建立起完善的货币制度和信用制度。在银行业发展的早期阶段，国家并未限制债券的发放权力，但伴随着商品经济规模的扩大、市场复杂性的提升、银行机构数量的疯涨，分散发行债券的弊端日益突出。此时，就必须要设立一个体现国家意志、在全国范围内具有权威性和广大影响力的中央银行，从而实现对金融市场的统一控制与管理。

■ 客观需要

商业银行的资金实力是有限的，在其日常经营过程中会出现营运资金不足、信用风险爆发等一系列问题。因此，设立中央银行是极其有必要的，中央银行能够将众多商业银行的存款准备集中起来，同时为这些不同的商业银行提供周转资金，从而促进金融市场的有序运转。

另一方面，由于银行业的经营规模不断扩大，不同银行的债权关系错综复杂，此时就需要设立一个中央银行作为权威、统一的清算中心来完成转让、清算等大型业务。

3. 中央银行有哪些职能？

中央银行的职能见表8-1。

表8-1　中央银行的职能

1	服务职能	中央银行面向政府、商业银行及非银行金融机构、社会公众提供金融服务
2	监管职能	中央银行监管的范围包括商业银行、各类金融机构、金融市场的业务活动及运行机制
3	调控职能	中央银行作为国家货币政策的制定者和执行者，借助金融手段来调节和管理全国的货币供应及信用活动

■ 中央银行的服务职能

中央银行面向政府、商业银行及非银行金融机构、社会公众提供金融服务。面向政府时，中央银行代理国家财政金库，负责发行政府债券。作为政府金融业务的代理人，由中央银行经营国家外汇、国际收支等金融业务，并参与国际金融活动；面向商业银行及非银行金融机构时，中央银行负责为其保管准备金，并提供相应的转让和清算服务。与此同时，中央银行还面向其提供信用贷款、再贴现等金融服务；面向社会公众时，中央银行负责维持货币价值的稳定，通过制定科学的货币政策，对各类金融机构的行为进行制约，从而推动国民经济的有序前进。与此同时，中央银行还负责搜集、整理和公告不同社会公众、企业组织的信用状况，为投资者决策提供参考依据。

■ 中央银行的监管职能

中央银行监管的范围包括商业银行、各类金融机构、金融市场的业务活动及运行机制。中央银行通过制定相应的金融法律和规章政策，依法筹划、管理各类金融机构，审查各类金融机构的营业资质、服务范围及业务活动。与此同时，中央银行还负责管理信贷、外汇、黄金、证券等不同金融市场，并跟踪督查各类金融机构的资产状况、偿债能力和运营状况。

■ 中央银行的调控职能

中央银行作为国家货币政策的制定者和执行者，借助金融手段来调节和管理全国的货币供应及信用活动，从而实现预期的货币政策目标，进而推动国家宏观经济的稳定发展。

第二节　金融监管机构

内容提要

金融监管机构是由国家强制力保障的、用于监管金融市场活动的权威机构。我国金融监管机构主要为中国人民银行、银保监会和证监会。不同国家的金融监管体制存在差异，具体可划分为统一监管、分业监管、牵头式监管和双峰式监管等不同类型，其具体模式如下。

1. 什么是金融监管机构？

金融监管机构是指一个国家或地区按照法律规定设立的用于监管金融体系的权威机构，金融监管机构的职能包括监管金融市场、发布相关行政规章等。金融监管机构的出现，是各国基于不同历史背景和实际国情形成的产物，在我国，金融监管机构包括"一行两会"，即中国人民银行、银保监会和证监会。在确定监管体制及机构设立时，既要保证监管效率，实现不同部门的独立分工，又要实现权力的平衡，达到相互掣肘的效果。

2. 金融监管体制具有哪些不同的形式？

按照监管机构的组织体系，可以将金融监管体制划分为统一监管体制、分业监管体制、不完全集中监管体制等不同类型，具体见表8-2。

表8-2　金融监管体制的不同形式

---

1. 统一监管机制

　　只设置一个唯一的金融监管机构，统一监管金融机构、金融市场及业务

---

2. 分业监管机制

　　按照金融领域不同行业划分，设置多个金融监管机构。一般由中央银行监管银行业，由证券监督管理委员会监管证券业，由保险监督管理委员会监管保险业。不同金融监管机构相互独立又彼此配合，共同构成完整的金融监管机制

---

3. 牵头式监管机制

　　基于分业监管的基础，再设置一个牵头监管的机制，负责协调证监会、银保监会、中央银行等不同金融机构的工作及关系

---

4. 双峰式监管机制

　　设置两类监管机构，一类机构负责监管金融机构和金融市场，另一类机构则负责管理监管金融机构的合规性、保护消费者合法权益

金融市场、货币市场、资本市场

伴随着经济、金融活动的长期进行，会形成固定的交易市场。在第九章中，将对金融市场、货币市场、资本市场"三大市场"的基本概念、构成要素、组织模式以及类型等进行详细介绍，以帮助读者辨析这三个看似雷同，但存在本质性区别的市场。

第一节　金融市场

内容提要

金融市场由货币市场和资本市场组成，由金融活动主体、金融工具和金融市场的组织形式构成。金融市场是国民经济的核心产业，在生产、交换、分配、消费等不同环节中扮演着至关重要的角色，其重要地位不言而喻。在本节中，将详细介绍金融市场的基本定义、构成要素、类型划分、对经济发展的意义和价值。

1. 什么是金融市场？

金融市场也被称之为资金市场，由货币市场和资本市场两部分组成。"金融"从字面意思来看，就是"资金的融通"，是指在经济发展的过程中，资金的供给方和需求方借助股票、债券等金融工具对自身资金盈余进行调节的全部活动。"资金的融通"可划分为直接融资和间接融资两种形式。其中，直接融资是指资金的供给方和需求方直接对接完成融资，而间接融资则是指资金的需求方借助银行、信托组织等金融机构来完成融资，如申请贷款等。金融市场的特征如表9-1所示。

表9-1　金融市场的特征

1	金融市场的交易对象是资金
2	金融市场交易以借贷关系为主，资金使用权和所有权分离
3	金融市场既可以是有形市场，也可以是无形市场

2. 金融市场有哪些构成要素？

金融市场由其参与者、金融工具和金融市场的组织形式三大要素构成（表9-2）。

表9-2　金融市场的构成要素

1	参与者 (资金的供给者和需求者)	① 政府；② 企业；③ 金融机构；④ 个人
2	金融工具	在金融活动中形成的、能够体现金融交易金额、期限的书面文件，具体包括股票、债券、商业票据等
3	金融市场的组织形式	包含集中交易、分散交易和场外交易3种形式

■ 参与者（资金的供给者和需求者）

① 政府——在国内，以发行国债的形式筹措资金。在国际金融市场中，向其他国家贷款或为其提供贷款。

② 企业——既是资金的供给者，又是资金的需求者。

③ 金融机构——主要包括存款性金融机构、非存款性金融机构和中央银行。

④ 个人——既是资金的供给者，又是资金的需求者。

■ 金融工具

是指在金融活动中形成的、能够体现金融交易金额、期限的书面文件，具体包括股票、债券、商业票据等。需要强调的是，任何的金融工具都具有二重性：对资金的需求方而言，金融工具是一种债务；对资金的供给者而言，金融工具是一种金融资产。金融工具的特征见表9-3。

表9-3　金融工具的特征

1	收益性	金融工具会取得一定收益
2	风险性	购买金融工具会承担呆账、坏账、预期收益减少等风险
3	流动性	金融工具能够迅速地兑换为货币
4	偿还性	债务人必须要在规定期限内偿还本金及利息

■ 金融市场的组织形式

金融市场的组织形式是指进行金融交易的方式，包含集中交易、分散交易和场外交易3种形式。其中，集中交易是指在固定场所进行的大规模、有组织的金融交易；分散交易是指由金融机构设置柜台，以"讨价还价"方式进行的金融交易；场外交易是指依托互联网等现代通信技术进行的金融交易，以互联网借贷为典型代表。

3. 金融市场有哪些类型？

按照不同的角度，可以将金融市场划分为以下类型（表9-4）。

表9-4　金融市场的类型

1	按照地理范围	① 国际金融市场；② 国内金融市场（可进一步细分为城市金融市场和农村金融市场、全国性金融市场和区域性金融市场）
2	按照经营场所	① 有形金融市场；② 无形金融市场（互联网金融）
3	按照交易期限	① 长期市场（供应1年以上中长期资金的金融市场，如债券、股票）； ② 短期市场（供应1年以下短期资金的金融市场，如短期债券）
4	按照交易性质	① 发行市场；② 流通市场
5	按照融资方式	① 直接融资市场；② 间接融资市场
6	按照交易工具类型	① 债券市场；② 票据市场；③ 外汇市场；④ 股票市场；⑤ 黄金市场；⑥ 保险市场

4. 金融市场是如何运行的？

在金融市场中，资金的发行与流动并不是无规可循的。在社会资金供求关系的影响下，金融市场的资金总是从盈余的区域和部门流向短缺的区域和部门。银行取得企业借据，并向企业发放贷款，此时形成了最基本、最原始的金融工具。银行、证券交易所、信托组织等金融机构作为中间人，以间接融资的形式有效地沟通了资金的供给方和需求方。对供给方而言，金融机构扮演着"债务人"的角色，对需求方而言，金融机构则扮演着"债权人"的角色。商业银行在经营的过程中所积累的大量派生存款为其他金融工具的发行和流通又创造了物质前提，此时金融市场中出现不同类型的金融工具，这些金融工具能够借助不同的媒介自由流动，并脱离最原始的交易场所，以直接融资的形式反复运动，资金供给方和需求方无需再借助中介机构即可完成投融资，金融市场纷繁包容，具有良好的独立性。

5. 金融市场对经济发展有什么样的重要性？

把握住"资金的融通"，就是把握住经济活动的命脉。可以说，金融市场是国民经济的核心产业，在生产、交换、分配、消费等不同环节中扮演着至关重要的角色。

在经济全球化、区域经济一体化发展的当今世界，金融市场是否能够健康发育、稳健前行，直接关系到国家的战略安全。在风云诡谲的国际经济市场中，我国正处于发展的关键时期。新旧增长动能的转换、产业结构的升级以及金融风险的释放，使我们不得不面对一系列错综复杂的问题。当前，我国加快了金融产业国际化的步伐，在与国际标准接轨的过程中，必须要对金融市场对经济发展的重要性形成正确认识。建立完善的金融市场体系，对于稳定货币价值、维持经济稳定运行、社会生活前进具有重要意义。伴随着金融市场规模的扩大，金融市场对社会经济生活的支配作用之大更是前所未有。

经济决定金融，金融服务于经济，又反作用于经济，社会经济的高效、高质量发展，离不开金融产业作为有力支撑。金融行业作为资源配置的重要主体，借助对生产、分配、交换等不同环节的组织活动来改善社会资源配置效率，从而促进技术更新换代、传统产业的升级转型。需要强调的是，金融产业对现代经济结构优化的重要价值，不仅体现在资金总量的配置上，在产业结构优化、国际市场与国外市场相互促进等不同方面均发挥着不可替代的重大作用。金融产业的专业化、国际化、集约化发展，是经济得以迅速发展的强劲动力。金融产业依托自身的融资功能，引导资本从落后产业流动到先进产业中去。与此同时，互联网金融的发展，拓宽了小微企业的融资渠道，为文化产业、医疗产业、互联网产业的发展注入新鲜血液和发展动力。除此之外，金融产业还是本国货币国际化的重要加速器。在本国货币国际化进程中，金融产业承担着促进资本流动、支撑多边贸易等多重功能，是提高本国货币国际化程度的重要推手。

伴随着经济的发展和金融服务的进一步完善，社会各个阶层的财富得以累积，风险意识、理财意识得以增强，企业开始突破传统的内生型发展路径，朝着强强联合、资本经营的方向前进，居民从单一的"储蓄式理财"中解脱，把目光投向保险、信托、投资等不同金融工具，而金融市场所提供的多种产品为其提供了极大的选择余地。

第二节　货币市场

内容提要

货币市场隶属于金融市场，是指以一年为期限、交易金融资产的市场，由资金供给方、资金需求方、中介组织、政府等不同要素构成。在本节中，将对货币市场的基本概念、构成要素、货币市场类型进行介绍，涉及同业拆借市场、贴现市场、商业票据市场等重要概念。

1. 什么是货币市场？

货币市场是指以一年为期限、交易金融资产的市场。通过货币市场，能够将金融资产随之转换为流动性良好、可以自由流通的货币，为借款者短期的资金需求提供交易场所，同时也是处理闲置资金的重要平台。一般情况下，货币市场交易的对象包括国债、商业票据、可转让定期存单、银行承兑汇票等信用工具，此类信用工具被称之为"准货币"，其供应量少于现金货币和存款货币，具有期限短、流动性良好、风险弱等特征。

2. 货币市场有哪些构成要素？

货币市场的构成要素是指在货币市场中参与交易的不同主体，可以将其划分为五种不同的类型（表9-5）。

表9-5　货币市场的构成要素

1	资金供给方	资金供给方是指在满足日常经营、生产的前提下拥有一定闲置资金且存在出借资金以获取收益意愿的主体，可细分为商业银行、非银行金融机构和企业等不同主体
2	资金需求方	资金需求方是指短期资金不足且寄希望于货币市场交易的主体，可细分为政府、商业银行、非银行金融机构、企业、个人等不同主体
3	中介组织	货币市场的中介组织是指为资金供给方、资金需求方提供信息咨询等中介服务以实现资金融通并收取相应费用的主体，可细分为商业银行、非银行金融机构等不同主体
4	中央银行	在货币市场中，中央银行扮演着"调控者"的角色。中央银行通过参与货币市场交易、制定和实施货币政策，来稳定货币市场、调节货币的供应量，最终实现宏观调控的目的
5	政府	在货币市场交易中，政府既是资金的供给方，也是资金的需求方，同时还可以是货币政策的实施者和监督者

3. 货币市场有哪些类型？

按照交易方式，可以将货币市场划分为以下不同类型（表9-6）。

表9-6　货币市场的类型

1	贴现市场	是指以贴现方式进行资金融通的交易市场
2	同业拆借市场	是指除中央银行以外的其他金融机构进行资金融通的交易市场
3	商业票据市场	以发行、转让商业票据的方式来实现资金融通的交易市场

续表

4	大额可转让定期存单市场	大额可转让定期存单市场在货币市场中扮演重要角色，在我国，仅银行金融机构有资格发行大额可转让定期存单，且将发行对象限定为城乡个人、企业单位和事业单位

■ 贴现市场

贴现是指收款人将未到期的商业承兑汇票转让给受让人，受让人按照票面金额扣去自贴现日到汇票到期日的利息，向持票人支付剩余金额。而贴现市场则是指以贴现方式进行资金融通的交易市场。在贴现市场中，交易的信用工具包括国债、短期债券、银行承兑票据、商业票据，一般贴现利率高于银行贷款利率。

■ 同业拆借市场

同业拆借市场是指除中央银行以外的其他金融机构进行资金融通的交易市场，主要形式为资金富余的金融机构向存在资金需求的金融机构短期放款。同业拆借市场形成的同业拆借利率对贴现市场、商业票据市场直接产生影响，同时也制约着资本市场和衍生品市场的发展。

■ 商业票据市场

商业票据市场是指以发行、转让商业票据的方式来实现资金融通的交易市场。商业票据即商业信用工具，其基于商业信用，清楚印有票据金额、日期、票据关系人、利息等重要信息，具有法律效力。伴随着商业票据的大范围使用，商业票据市场自然形成。商业票据主要有本票和汇票两种类型，在未到期时可通过贴现、背书实现流通❶。商业票据是发行人获得短期融资的主要手段，商业票据的融资规模不受银行信用松紧变化的干扰。

■ 大额可转让定期存单市场

20世纪60年代，花旗银行的前身First National City Bank开始实行"负债管理"的资金配置策略，推出可转让定期存单业务。可转让定期存单即可以自由流通、自由买卖的定期存款凭证，在凭证上印有票值、存入时间、到期时间和利率。可转让定期存单定期后，持有者可按照票值和利率提取本金和利息。大额可转让定期存单市场在货币市场中扮演重要角色，在我国，仅银行金融机构有资格发行大额可转让定期存单，且将发行对象限定为城乡个人、企业单位和事业单位。

第三节　资本市场

> **内容提要**
>
> 资本市场隶属于金融市场，是指期限超过1年的货币交易市场，由股票市场和证券市场构成。

对比货币市场来看，资本市场是指期限超过1年的货币交易市场，

---

❶ 背书：背书是指持票人为将票据权利转让给他人或者将一定的票据权利授予他人行使，而在票据背面或者粘单上记载有关事项并签章的行为。

因此也被称之为长期资金市场。资本市场涉及的资金规模庞大、风险较高，但能够产生长期、稳定的收益，是金融市场不可或缺的重要组成部分。资本市场又可以具体地划分为股票市场和证券市场两种类型。

1. 什么是股票市场？

17世纪初，荷兰人于阿姆斯特河大桥上买卖荷属东印度公司股票，被视为现代股票市场的前身。追溯历史，美国是正规股票市场的发源地。在股票市场中，交易双方对已经发行的股票进行买卖、转让和流通。股票是资本市场最重要的长期信用工具之一，股票市场被视为一个国家或地区经济的晴雨表。股票市场是否繁荣，一定程度上体现了这个国家经济发展的现状。股票市场的不良现象，可能会引发严重股灾，并最终导致整体经济的瘫痪。当前我国股票交易市场以上海证券交易所、深圳证券交易所为主。

2. 什么是证券市场？

证券市场是市场经济发展到一定阶段的必然产物，是指发行和交易债券、商品期货、股票期货、利率期货等经济权益凭证的市场。在证券市场中，发行证券、证券的交易等环节有效沟通了筹资与投资者，是解决资本供求矛盾、调整资本结构的重要平台。可以说，证券市场是完整市场经济体系的重要组成部分，它直接而深刻地影响着整体经济的运行，体现着货币资金的运动趋势。

第三篇

货币政策及金融工具

第十章

货币需求与供给

货币作为固定充当一般等价物的商品，势必会产生对应的货币供给和货币需求。货币供给和货币需求是一切金融活动的起点。在第十章中，将对货币供给、货币需求的基本概念、影响因素、经典理论，以及货币供给与货币需求的关系进行论述。

第一节　货币需求

内容提要

货币需求是指社会公众持有货币的要求程度，是能力和意愿的统一体。按照持有货币的动机，可以将货币需求划分为交易性货币需求、预防性货币需求、投机性货币需求和安全需求等不同类型。收入水平、利率水平、消费倾向、公众预期与偏好均是影响货币需求的关键因素。

1. 什么是货币需求？

货币需求从字面意思可简单理解为社会公众对持有货币的要求程度。在金融学中，"需求"是指有效需求。什么是有效需求呢？有效需求是能力和意愿的统一。举个例子，小王想要购买一辆汽车，同时他还要有足够的钱去支付这辆汽车，此时才构成有效需求。引申到货币需求上来，就可以将其定义为由货币需求能力和货币需求意愿共同决定的有效需求。需要注意的是，货币需求是一种派生需求，它来源于人们对于商品的需求。

2. 货币需求有哪些类型？

货币需求背后势必对应着一定的动机。按照个人持有货币的动机，可以将货币需求划分为交易性货币需求、预防性货币需求、投机性货币需求和安全需求等不同类型，具体见表10-1。

表10-1　货币需求的类型

1	交易性货币需求	个人和企业出于交易目的产生的货币需求被称之为交易性货币需求
2	预防性货币需求	在预防、应对天灾人祸时，需要使用一定数量的货币，此时就产生了预防性货币需求
3	投机性货币需求	由于未来利率水平难以确定，人们为了减少自身资产损失或增加收益，往往会对资产结构进行调整，此时产生的货币需求被称之为投机性货币需求
4	安全需求	个人、企业、金融机构等经济主体难以确定未来状况，出于资产安全考虑产生持有货币的需求

■ 交易性货币需求

在商品经济条件下，个人和企业的一切交易活动都必须要以货币作为中介。因此，个人和企业出于交易目的产生的货币需求被称之为交易性货币需求。交易性货币需求的大小，主要取决于收入水平及利率水平。一般情况下，收入水平越高，交易性货币需求越大，收入水平越低，交易性货币需求越小；利率水平越高，交易性货币需求越小，利率水平越低，交易性货币需求越大。

■ 预防性货币需求

在社会生活中，人难免会遭遇各种各样的意外。在预防、应对这些天灾人祸时，需要使用一定数量的货币，此时就产生了预防性货币需求。预防性货币需求的大小，主要取决于利率水平。一般情况下，利率水平越高，人们持有货币的成本就越高，为获得更多的利息收入，人们会减少手中持有的预防性货币；利率水平越低，人们持有货币的成本就越低，为预防意外事故的发生，人们的预防性货币需求会随之提升。

■ 投机性货币需求

利率水平并不是一成不变的，它会受到宏观经济环境、国家政策的影响而变动。由于难以确定未来利率水平，人们为了减少自身资产损失或增加收益，往往会对资产结构进行调整，此时产生的货币需求被称之为投机性货币需求。

■ 安全需求

类似于投机性货币需求，安全货币需求是指个人、企业、金融机构等经济主体难以确定未来状况，出于资产安全考虑产生持有货币的需求。安全货币需求的大小，取决于当下的收入水平。一般情况下，收入水平越高，安全需求的范畴就越广。

3. 影响货币需求的因素有哪些?

影响货币需求的因素见表10-2。

表10-2 影响货币需求的因素

1	收入水平：经济主体的经济收入情况是决定货币需求的关键因素
2	利率水平：利率是调节市场经济活动的重要杠杆
3	消费倾向是指消费开支占收入的比例，可划分为平均消费倾向、边际消费倾向两种类型
4	信用体系的完善程度
5	货币流通速度、社会商品可供量、物价水平
6	公众的预期及偏好：在实际的金融领域中，社会公众的主观意志也是决定货币需求的重要方面

■ 收入水平

经济主体的经济收入情况是决定货币需求的关键因素。经济收入可以划分为收入水平和收入间隔两个不同的维度。首先我们来看收入水平，一般情况下，收入水平越高，货币需求量越大，收入水平越低，货币需求量越小。其次我们来看收入间隔，一般情况下，不同经济主体获得收入的周期越长，货币需求量就越大，获得收入的周期越短，货币需求量就越小。

■ 利率水平

利率是调节市场经济活动的重要杠杆。一般情况下，利率越高，货币需求越小，利率越低，货币需求越大。原因在于：一旦货币市场利率提高，就意味着人们持有货币的机会成本增加，因此货币需求减少。

■ 消费倾向

消费倾向是指消费开支占收入的比例，可划分为平均消费倾向、边际消费倾向两种类型。其中，平均消费倾向是指消费支出占收入的比重，边际消费倾向是指消费支出增量在收入增量中所占的比重。一般情况下，消费倾向越大，意味着消费者消费的意愿越强，货币需求量也越高；反之，消费倾向越小，消费者消费的意愿越弱，货币需求量越低。

■ 信用体系的完善程度

在信用体系健全的社会中，人们一旦产生货币需求即可随时获得现金及贷款，此时货币需求较高；在信用体系不完善的社会中，由于获得现金及贷款的门槛较高、难度较大，因此货币需求较低。

■ 货币流通速度、社会商品可供量、物价水平

根据货币流通规律，若货币需求量为M，物价水平为P，社会商品供给量为Q，货币流通速度为V，则$M = PQ/V$。即物价水平、社会商品供给量与货币需求成正比，物价水平、社会商品供给量越高，货币需求

量越大；货币流通速度与货币需求成反比，货币流通速度越快，货币需求量越小。

■ 公众的预期及偏好

上述提到的货币流通速度、利率、信用体系完善程度、收入水平等均为决定货币需求的客观条件。在实际的金融领域中，社会公众的主观意志也是决定货币需求的重要方面。一般情况下，若利率大幅度上升，公众的预期利率将下降，有价证券价格上升，公众为获得溢价收益，持有货币的需求将减少，而持有有价证券的需求将增加。与此同时，公众对于货币及金融资产的偏好性，某种程度上也影响着货币需求。

第二节　货币需求的经典理论

> **内容提要**
>
> 　　针对货币需求，形成了交易方程式、剑桥方程式等不同经典理论。在本节中，将分别论述这些经典理论的核心内容，同时对比它们的差异。

1. 什么是交易方程式？

交易方程式是传统货币数量论的方程式之一，20世纪初，美国经济学家欧文·费雪在《货币的购买力》一书中率先提出交易方程式：$MV = PT$，也可写为 $P = MV/T$。式中，M 表示一定时期流通货币的平均数量，V 表示货币流通速度，P 表示商品和劳务价格的加权平均数，T 表示商品和劳务的交易量。通过交易方程式，费雪阐述了物价水平同货币数量之间的关系。在该式中，P 的大小取决于 M、V、T 三个变量。其中，M 是由模型之外的因素所决定的外生变量，V 为常数（货币流动速度受到制度性因素的影响，短期保持不变），T 受到产出水平的影响同样保持稳定。因此，P 的大小主要取决于 M 的变化，即商品和劳务价格的加权平均数取决于一定时期内流通货币的平均数量。

2. 什么是剑桥方程式？

剑桥方程式由剑桥学派的代表人物庇古提出。20世纪初，庇古在《货币的价值》一文中提出剑桥方程式：$M = kPy$。式中，M 为名义货币需求，k 表示人们持有现金量占名义收入的比重，P 为价格水平，y 为实际收入，Py 为名义收入。由剑桥方程式可知，名义货币需求与名义收入总是保持着稳定的比例关系。在剑桥方程式中，假设国民已经实现充分就业、经济产量达到极限，此时 y 为保持不变的常数，k 和 P 的变动将决定货币需求的大小，k 的大小则取决于人们对资产的配置（消费、从事生产、转化为实物形态）。若选择以货币形态保存自身资产，其现金量增加，k 值相应变大。在 y 和 M 保持不变的前提下，k 的增大意味着 P 的减少，此时货币的价值与 ky 成反比，与 M 成正比。

3. 交易方程式与剑桥方程式有哪些不同点？

交易方程式和剑桥方程式均为传统货币数量论方程式，对比来看，交易方程式中的货币数量是指在一定时间内的货币流通量，而剑桥方程式所指的货币数量是指一定时间内人民手中持有的货币量；与此同时，交易方程式侧重于讨论货币流通速度、经济发展水平等制度因素，而剑桥方程式关注人们持有货币的动机。最后，交易方程式强调货币的支出，而剑桥方程式则强调货币的持有。

4. 如何解读凯恩斯的货币需求理论？

凯恩斯的货币需求理论是货币数量论的显著成果之一，在经济发展史中具有不容忽视的地位。可以说，凯恩斯的货币需求理论是讨论货币经济命题的经济学基础，也是判断宏观经济政策是否取得良好成效的基础理论之一。

凯恩斯的货币需求理论提出，货币总需求由两部分组成：$M = M_1 + M_2 = L_1(Y) + L_2(r)$。式中，$L_1(Y)$ 代表与收入 Y 相关的交易需求，$L_2(r)$ 代表与利率 r 相关的投机性货币需求。即货币总需求取决于收入和利率两大方面。一旦国民收入增加，就意味着需要交易的商品数量增加，此时货币需求上升，因此货币需求与收入成正比；其次，在利率的影响下，一旦利率增加，人们持有货币的机会成本就随之上升，人们转而持有其他形式的金融工具，因此货币需求与利率成反比。显然，凯恩斯的货币需求理论是符合经济现实的，但并不意味着这一理论已臻完善。伴随着现代经济理论对微观基础的日益重视，凯恩斯的货币需求理论也暴露出诸多缺陷。

5. 如何解读弗里德曼的货币需求理论?

美国经济学家弗里德曼提出，货币数量论关注的焦点不应当是产量、货币收入或物价水平，而应当是货币需求，即货币数量论应当是探究货币需求是由何种因素所决定和影响的系统学说。基于此，弗里德曼将货币需求作为切入点，采用微观经济理论去发展货币数量论。他提出，人们对货币的需求主要取决于自身的收入、持有货币的机会成本以及持有货币对其产生的效用。与此同时，弗里德曼还强调永恒收入对货币需求具有重要作用，而社会成本变量利率对货币需求的影响则并不是绝对的。

第三节　货币供给

内容提要

　　货币供给是指国家或地区的银行系统投入、创造、扩张（或收缩）货币的金融过程，以货币供给量为衡量标准。货币供给由通货供给、存款货币供给构成。

1. 什么是货币供给？

　　货币供给是指某一国家或地区的银行系统向经济体中投入、创造、扩张（或收缩）货币的金融过程，一般用货币供给量来衡量货币供给的多寡，一个国家的货币供给量等于在一段时间内由家庭、企业和非银行系统持有的货币总和。

2. 货币供给有哪些构成要素？

　　货币供给由流通中的货币（通货）和存款货币两部分组成，接下来笔者将分别论述通货、存款货币的供给过程及基本特征。

■ 通货供给

　　通货的供给方为中央银行，由其下属的印制部门负责印刷和铸造货币。商业银行按照法定程序向中央银行发出通知或申请，由中央银行运出通货并贷款给商业银行，而商业银行借助存款兑现的形式实现对客户的支付，从而实现货币的流通，将其供给于非银行系统。在这一供给过程中，通货并不是直接从中央银行供给到非银行系统的，而是经过商业银行借由存款兑现实现流通的。正是由于这样的供给程序，非银行系统持有货币的意愿和能力直接决定了通货的供给数量，原因在于非银行系统有自由选择是否将存款兑换为通货的权力。若非银行系统（个人储户、企业等）选择将存款兑现，商业银行就必须履行保证清偿的义务；若非银行系统不选择将存款兑换为通货，货币就无法流通。

■ 存款货币供给

商业银行的存款货币供给与通货相同，均具有流通手段和支付手段这两种重要职能。因此，储蓄者可以凭借存款货币进行购买、支付和清偿。商业银行的客户在获得贷款后往往不会直接提取通货，而是将其作为活期存款存入到银行账户中。商业银行面向客户提供贷款服务时可直接将资金调入客户的活期存款账户中。换而言之，商业银行在获得来自央行的准备金后，可以借助账户分录的形式来同时增加自身的资产和负债。从某种程度而言，中央银行的货币增发量、商业银行的派生资金能力、不同经济体的货币需求直接决定了货币供给。

第四节　货币供给理论

内容提要

　　针对货币供给，形成了货币乘数原理、货币供给内生性理论、后凯恩斯内生性理论、货币供给外生性等理论。在本节中，将对货币供给经典理论的主要观点进行介绍，同时对比货币供给内生性理论和货币供给外生性理论的差异。

1. 如何解读货币乘数原理？

　　货币乘数原理由英国经济学家卡恩提出，经由凯恩斯继承和完善，是有效需求原理的重要组成部分。什么是货币乘数呢？在货币供给的过程中，中央银行的初始货币发行量与市场最终的货币总量存在膨胀或收缩效应，而货币乘数则是指基础货币膨胀或收缩的倍数。凯恩斯认为：在狭义的货币定义下（通货及活期存款），基础货币和货币乘数共同决定货币供应量。其中，基础货币由现金和银行存款准备金构成，用B表示，货币乘数用m表示，货币供应量用M_s表示，则货币供应量的公式为：$M_s = Bm$。

　　货币乘数主要取决于通货/存款比例和准备金/存款比例，通货/存款比例越高，则货币乘数越小；通货/存款比例越低，货币乘数越大。而准备金/存款比例即准备金率，是指银行持有的总准备金和存款的比值。假设银行的最低准备金率为10%，即银行获得10000元的存款时必须留存1000元作为准备金，剩余9000元作为贷款资金。小张向银行存入10000元后，银行将其中9000元贷款给小王，小王在获得9000元贷款后又将其全部存入银行，银行将其中的8100元贷款给小李，小李又把8100元贷款存入银行，以此类推。事实上，银行最先向市场投入了10000元，市场最后的货币将是10000 + 9000 + 8100 + ……。最终，中央银行初始的货币提供量与社会货币最终形成出现扩张效应，即乘数效应。

2. 如何解读货币供给的内生性理论？

货币供给的内生性是指货币供给不取决于中央银行的主观意愿，而是由收入、储蓄、消费等实际的内生变量来共同控制。这一理论最早源于詹姆斯·斯图亚特《政治经济学原理的研究》一书，该学者认为一个国家的货币供给量会与其经济发展水平相适应。这一观点得到了亚当·斯密的认同，又被图克、弗拉顿等银行学派的学者继续扩展和丰富。

■ 银行学派的内生性理论

图克及弗拉顿等学者认为：通货数量的变化并不是导致物价变动的原因，而是物价变动的结果，银行不能够随意地增减银行券的发行数量。他们还将货币流通划分为以下三种情况展开讨论（表10-3）。

表10-3　货币流通的三种情况

1	纯粹流通金币的情况下，多余的货币可以通过其贮藏手段的职能得到妥善解决
2	银行券、金币等多种信用工具混合流通的情况下，以贴现形式发行的银行券势必会因偿付贷款而流回，且不同通货间存在一定的替代效应，减少的银行券会被支票、汇票等信用工具弥补，因此银行无法任意增减通货的数量
3	不兑现纸币流通的情况下，若按照票据贴现、短期发放贷款的形式发行纸币，纸币就会随着贷款的偿还而回流

瑞典经济学家米尔达尔对以上学者的观点进行继承和发展，尝试突破传统货币数量论中货币流通速度稳定的假设，在《货币均衡》这一著作中指出："支付手段（货币）数量同物价水平之间存在复杂的数量关系，不能断然认为支付手段数量决定物价水平，因此在实际过程中，支付手段（货币）的流通速度并不是一成不变的。"

■ 后凯恩斯主义的内生性理论

20世纪70年代，后凯恩斯主义的代表人物西德尼·温特劳布、卡尔多等基于创新角度重新论证货币内生理论，提出中央银行迫于市场的压力，不得不适当增加货币的供应量。该学者提出，劳动成本、劳动成本上的某种加成决定了商品的价格，假设在时间推移的过程中，劳动生产率的增幅保持在稳定的范围内，若名义工资的增长率超过平均劳动生产率的增幅，此时物价就会上升，社会名义收入也随之增加，货币需求增加。在这样的状态下，若商业银行不增加货币供应量，就会引发利率上升、投资规模缩减、就业率下降等一系列问题，这显然是货币当局不愿意看到的局面。基于此，为了避免货币供给不足给充分就业和经济增长带来的阻碍，中央银行不得不增加货币的供应量。而卡尔多则指出：中央银行作为最后的贷款人，以贴现的形式来确保银行、非银行机构等金融部门具有偿付能力。为了避免信贷紧缩而引发的一系列问题，中央银行必须满足交易需求、增加货币供应量。

20世纪70年代，莫尔对西德尼·温特劳布、卡尔多的理论作了进一步的深化和调整，并转向于分析金融运行机制变化对货币供应量的影响，其形成的观点包括以下几点。

① **信用货币的供给内生**

莫尔将货币划分为商品货币、政府货币和信用货币三种类型。其中，商品货币是指由实物转变、体现在黄金上的货币，而政府货币则是指由政府发行债券而在流通中沉淀的货币，这两种货币均为外生货币，即其存量取决于中央政府，而信用货币是指由商业银行等金融机构发行、流通的信用工具，这些信用货币的存量取决于公众对于贷款的需求，因此为内生货币。

② **基础货币内生**

在中央银行买卖信用工具的主体为商业银行，其经营的目的在于追逐自身利润最大化。一般情况下，商业银行会将自身的资产用于开展商业贷款或有价证券业务。在发放商业贷款时规定偿还日期，在贷款未到期前商业银行无法收回贷款。与此同时，商业银行只有在政府有价证券价格具有一定诱惑力、能够产生实际收益的情况下才会选择出售持有的有价证券。因此，中央银行难以通过公开市场交易来控制基础货币的存量。在开展再贴现业务的过程中，中央银行始终处于消极、被动地位，因为商业银行有权选择是否进行贴现，而中央银行却没有拒绝贴现的底气，因为拒绝贴现会破坏银行系统的流动性，且对货币当局产生巨大的政治压力。

③ 负债管理促使基础货币自给

莫尔认为，20世纪60年代风靡的金融创新浪潮降低了商业银行在金融市场筹措资金的门槛，在中央银行未注入基础货币的前提下，商业银行就可以实现融资。因此，商业银行实现了从资产管理到负债管理的转变，不再将吸收存款作为唯一的融资方式。与此同时，伴随着金融全球化、国际货币体系的健全，商业银行可以更为轻松地从国际金融市场中获得资金。由于银行规模、数量的不断增加，而企业可以自行选择合作的对象，为应对激烈的市场竞争，商业银行往往会通过发行可上市的存款凭证来满足企业及个人的货币需求，但是中央银行无法控制这些可上市的信用工具，此时商业银行实现了基础货币的自给，对中央银行的依赖性降低。

④ 银行角色转换的内生性

莫尔将金融事业划分为批发市场和零售市场两种类型，其中，批发市场是指商业银行筹措资金的市场，而零售市场是指商业银行发放贷款的市场。在批发市场中，商业银行既是贷款数量的控制者，又是接受非银行部门贷款条件的主体；而在零售市场中，商业银行既是贷款条件的控制者，又是接受非贷款部门贷款数量的主体。此时，零售市场中公众对于资金的需求借助商业银行向批发市场传导并得到满足，此时货币需求直接决定货币供给。

与此同时，莫尔还对货币乘数理论作了彻头彻尾的批判，它认为货币乘数理论无法合理地诠释货币创造过程，货币供给等于基础货币乘以货币乘数的函数关系只是对现象的简单描述，却无法对现象做科学的解释。

3. 如何解读货币供给的外生性理论？

对应于货币供给的内生性，货币供给外生性是指中央银行居于经济体系之外，独立控制货币供应量，这一观点主要由美国经济学家弗里德曼提出。该学者认为现代货币制度是完全、彻底的信用制度，只要中央银行具有良好的独立性，就可以借助发行货币、规定存款/储备比例来决定和控制货币的供应量。弗里德曼所构建的货币供给理论模型中，基础货币、存款/准备金比例（D/R）、存款/通货比例（D/C）被视为货币供给量的决定因素。其中，基础货币体现中央银行的行为，由中央银行直接控制；货币存款/准备金比例体现了银行的行为，商业银行从基础货币中吸收存款准备金及超额准备金；存款/通货比例体现了非银行部门的行为，非银行部门从基础货币中吸收通货来满足自身对于货币的需求。

假设存款/准备金比例、存款/通货比例为常数且稳定，此时基础货币的变动将直接决定货币供应量的大小。由于基础货币由中央银行控制，因此中央银行可以借助控制基础货币的手段来调节货币供应量。因此，货币供应量是由经济体系以外的中央银行所决定，为外生变量。在弗里德曼看来，名义收入的变化取决于货币供给和货币需求的相互作用及均衡水平。根据弗里德曼的实证实验结果，若货币需求保持稳定，货币供应量的变动将直接决定名义收入的多少。由于货币供应量的变动以货币制度为依据，而中央银行负责制定、实施货币政策，因此货币供应量是一个与经济体系相分离的外生变量。换而言之，假设货币函数稳定，货币供应量为外生变量，此时货币供应量的变化，将成为影响经济变化的直接原因，而货币供应量的变化能够充分说明产量与物价的波动。

弗里德曼的货币供给外生理论并不完全正确，事实上，在货币供给的过程中，除去基础货币由中央银行直接控制以外，存款/准备金比例、存款/通货比例的大小依赖于银行及非银行部门的资产持有能力及意愿，而银行及非银行部门持有资源的能力及意愿又取决于经济活动的兴衰情况。与此同时，基础货币、存款/准备金比例、存款/通货比例这三个变量并不是完全独立的，它们相互作用、交叉影响。伴随着经济活动的兴衰，存款/准备金比例、存款/通货比例也在变化，二者并不是一个稳定不变的常数。具体来看，一旦经济活动扩张、生产和投资规模扩大，非银行部门对于货币的需求也会随之增加，在经济活动尚未达到顶峰状态时，存款/通货比例就开始下降；相反，若经济活动有所萎缩，造成投资、消费不足，此时大量通货就会从非银行部门流回商业银行，在经济活动未达到萧条的谷底状态时，存款/通货比例就开始上升。在这一过程中，中央银行无法通过控制基础货币等货币政策来影响存款/通货比例这一变量。

4. 货币供给内生性理论与外生性理论有哪些不同点？

为了帮助读者对货币供给内生性理论和货币供给外生性理论形成更为清晰的认知，此处列出表格，对比二者在理论假说、货币概念、货币需求、银行在其中发挥的作用、政策取向等不同方面的差异，具体见表10-4。

表10-4 货币内生与货币外生理论的对比

	货币供给外生性理论	货币供给内生性理论
理论假说	交换的货币经济	生产的货币经济
货币概念	存量	存量与流量的统一
考察角度	货币的使用	货币的使用与创造
货币需求	灵活偏好	信贷需求
银行作用	不重视	重视
创造过程	储蓄决定信贷 储蓄决定准备金 供给决定需求	准备金决定储蓄 信贷决定储蓄 需求决定供给
利率决定	利率与货币供给负相关	利率与货币供给正相关
政策取向	货币数量控制	综合货币、财政、收入政策
政策操作	主动随机 直接影响供给	被动适应 通过利率间接影响

第五节　货币供求与经济均衡

内容提要

　　货币供给量和货币需求量处于动态变化之中、货币供给量和货币需求量相同的状态下，就会产生一种理想的均衡状态，这种均衡状态以什么为实现条件呢？若无法实现均衡，又会产生什么样的后果？本章围绕货币供求均衡关系，对货币供求均衡特征进行描述，同时介绍了通货膨胀、通货紧缩等由货币供求失衡所导致的金融现象。

　　在市场中，货币的供给量和需求量总是处于动态的变化之中。货币本身就是一种固定充当一般等价物的特殊商品，因此货币本身也遵循价值规律，即供求关系影响价格。货币的供给量超过货币的需求量、货币的供给量小于货币的需求量、货币的供给量等于货币的需求量，将分别产生什么样的后果呢？

1. 什么是货币供求均衡？

　　货币是充当一般等价物的特殊商品，因此经济学中所提及的"供求均衡"，可以进一步延伸为货币供求均衡。参考对"供求均衡"的定义，货币供求均衡是指一个经济体的货币供应量与货币需求量保持平衡，具体表现为物价稳定、商品供求平衡、产生均衡利率。在货币供求均衡的状态下，意味着社会资源得到合理配置，货币购买力处于合理状态。

2. 货币供求均衡有哪些特征？

首先，货币供求均衡是一种理想状态，它并不单纯的指货币供给量和货币需求量在数量上的完全相等，而是指货币供给量与货币需求量处于基本适应、相互依存的平衡状态。其次，货币供求均衡是一个长期的、动态的过程，它并不追逐短期内货币供求关系的一致，而是要求长期内货币供求的相互适应。最后，在现代社会中，货币的流通和运动是一切经济活动的重要前提。可以说，货币绝不仅仅只是商品交换的中介，它是制约整体社会生产、国民经济发展的内在要素。因此，货币供求是否均衡在一定程度上体现了国民经济结构是否合理。

3. 货币供求均衡的形成条件是什么？

如何实现货币供求均衡呢？这主要依赖于利率机制、金融市场和宏观调控机制。其中，利率机制是实现货币供求均衡的关键机制。除此之外，还涉及国际收支、国家财政收支水平、央行调控政策、生产部门结构等重要因素。特别指出的是，利率是判断货币供求是否均衡的重要信号，而且在调节货币供求关系方面具有重大作用。从供给端来看，一旦利率升高，社会各个经济主体持有货币的成本上升，大量货币流入储蓄市场，造成现金比率缩小、货币供给增加，银行的贷款业务利润上升并进一步扩大贷款规模，造成货币供给进一步增加；从需求端来看，一旦利率升高，社会各个经济主体持有货币的成本上升，大量货币持续流入市场，各经济主体对于金融生息类资产的需求上升、对货币的需求减少。若市场出现均衡利率，此时货币供给与货币需求实现均衡。

4. 什么是通货膨胀？

■ 通货膨胀的定义

在抗日战争和第三次国内革命战争期间，国民党政府为筹措军费大量印发货币，这种不考虑社会物资总供应量的行为无异于饮鸩止渴。在民国初年，一元钱可以买到一头牛；到新中国成立前夕，一元钱只能买到1盒火柴。1947年7月，国民党政府在美帝国主义的支持下，发动了全国规模的内战，军费支出浩繁、黄金外汇大量消耗，故发行大量法币。到1948年8月19日，法币发行额累计为663694.6亿元，发行指数为470705.39，而同期上海物价指数为5714270.30。法币崩溃，改发金圆券。每300万元法币兑换金圆券1元。物价水平的上涨、货币的贬值引发了经济的全线崩溃，老百姓叫苦不迭、怨声载道。购买100斤粮食需要20万元，买一个烧饼要支付200元，扛着一麻袋钱买生活用品的现象比比皆是。

在经济学中，这种物价普遍上涨的现象被称之为通货膨胀。一旦出现通货膨胀，货币的购买力就随之下降。在人类货币史上，以津巴布韦元为通货膨胀的典型代表。2001年，100津巴布韦元可以兑换1美元，2009年，10的31次方新津元才能兑换到1美元，津巴布韦元彻底沦为了垃圾货币。

当前对通货膨胀的定义存在争议。为方便读者掌握相关知识，笔者将通货膨胀的定义总结如下：

在货币流通条件下，因货币供给大于货币实际需求，即现实购买力大于产出供给，导致货币贬值而引起的一段时间内物价持续而普遍的上涨现象。

在衡量通货膨胀的程度时，一般以物价指数的变化为尺度。若物价指数上升，表明通货膨胀；若物价指数下降，表明通货紧缩。物价指数包括消费物价指数、生产物价指数、GDP平减指数3种类型。其中，与社会公众联系最紧密、最能够体现商品总价变化趋势的为消费者物价指数（CPI），其计算公式如下：

CPI =（城市居民所消费的一揽子商品按当期价格计算的价值/一组固定商品按基期价格计算的价值）×100%

5. 通货膨胀是如何形成的？

货币供应量过多，超过既定的商品和劳务供应量，造成货币贬值、物价上涨，是导致所有类型通货膨胀的直接原因。从深层次来看，造成通货膨胀的深层原因见表10-5。

表10-5　造成通货膨胀的深层原因

1.需求拉动 　　在经济发展的过程中，由于社会需求迅速增长，其增长速度超过了商品和劳务供给的增长速度，"太多的需求追逐太少的供应"，最终引发通货膨胀
2.成本推动 　　在经济运行的过程中，由于技术成本、原材料价格的上涨、工人工资的上涨造成企业整体生产成本增加，相应的商品和劳务价格上涨，最终导致整体物价上涨，引发通货膨胀 　　① 工资过度上涨引发的通货膨胀 　　② 追求利润引发的通货膨胀 　　③ 进口成本增加所引发的通货膨胀
3.结构失调 　　由于一国或地区的产业结构、部门结构不平衡引发通货膨胀

■ 需求拉动

　　在经济发展的过程中，由于社会需求迅速增长，其增长速度超过了商品和劳务供给的增长速度，"太多的需求追逐太少的供应"，最终引发通货膨胀。在我国，财政赤字、投资需求膨胀、消费需求膨胀是导致需求拉上型通货膨胀出现的主要原因。

■ 成本推动

　　在经济运行的过程中，由于技术成本、原材料价格和工人工资的上涨造成企业整体生产成本增加，相应的商品和劳务价格上涨，最终导致整体物价上涨，引发通货膨胀。

① 工资过度上涨引发的通货膨胀

　　工资是生产成本的重要组成部分。在价格水平不变的状态下，工资的上涨意味着生产成本的增加。为控制生产成本，企业选择减少商品及劳务的供应量。在"货币多、供应少"的状态下引发通货膨胀。

在完全竞争市场中，劳动的供求关系决定了工资的多寡。但在现实的经济生活中，劳动市场竞争并不是完全的，在工会保护、国家政策的影响下，可能会出现工资过度增加的现象。一旦工资的增幅超过了劳动生产率的增幅，提高劳动者工资就意味着生产成本的增加，最终导致物价上涨，引发通货膨胀。

② 追求利润引发的通货膨胀

在经济运行的过程中，企业以抬高产品价格的形式来增加自身利润，最终导致物价上涨、引发通货膨胀。在寡头市场和垄断竞争市场中，这种以抬高价格来获得更多利润的行为更易实现，因为寡头企业和垄断企业具有良好的市场支配力。

③ 进口成本增加所引发的通货膨胀

若进口产品价格上升，依赖于进口产品作为原材料的企业生产成本随之提升。为保持原有的利润水平，企业选择提高产品定价，最终导致物价上涨，引发通货膨胀。进口成本增加所引发的通货膨胀与工资推进的通货膨胀形成机制基本相同。

■ 结构失调

由于一国或地区的产业结构、部门结构不平衡引发通货膨胀。如"重工业、轻农业"，造成农业供给不足，最终造成农业产品价格上涨、引发通货膨胀。我国正处于经济发展的关键时期，经济结构失调的问题仍不容忽视，因此结构失调型通货膨胀在我国也时有发生。

6. 通货膨胀有哪些类型？

通货膨胀的类型见表10-6。

表10-6 通货膨胀的类型

---

1. 按照通货膨胀的程度
　① 低通货膨胀
　物价增幅低于10%的通货膨胀，此时物价上涨缓慢，货币的可信度较高
　② 急速通货膨胀
　物价增幅处于20%~30%区间的通货膨胀，此时物价上涨迅速，货币的可信度下降。急速通货膨胀的局面一旦稳固，将引发严重的经济问题
　③ 恶性通货膨胀
　物价增幅超过50%的通货膨胀，此时货币丧失价值贮藏职能，少数货币甚至丧失交换媒介职能，物价时刻增长，公众尽管无法完全放弃贬值中的货币，但需要付出高昂代价以减少货币保有量

---

2. 成本推动
　① 需求拉上型通货膨胀
　由于社会总需求的增幅超过社会总供给的增幅，造成商品与劳务供给不足、物价持续上涨的通货膨胀
　② 成本推进型通货膨胀
　由于供给方生产成本提高而造成物价水平上涨的通货膨胀
　③ 输入型通货膨胀
　由于国外商品或劳务价格的上涨，导致国内物价持续上涨的通货膨胀
　④ 结构型通货膨胀
　总需求相对平衡的前提下，某些生产部门产品需求量增加而造成部分产品价格上涨的通货膨胀

---

7. 什么是通货紧缩?

■ 通货紧缩的定义

当前,国内外针对"通货紧缩"一词的定义并未达成共识,不同学者基于自身研究领域和差异性的视角提出不同观点,这些观点整体可以划分为三种。第一种观点为单要素论,认为只要符合"物价全面、持续下降"这一要素,即可视为通货紧缩;第二种观点为双要素论,认为同时符合"物价全面持续下降""货币供给量连续下降",即可视为通货紧缩;第三种观点为三要素论,认为判断一个国家是否出现通货紧缩,必须满足3个条件,分别为缺乏有效需求、物价全面持续下降、货币供给量连续下降。此处并不讨论哪种观点更具优越性,但我们可以清楚地看到,"物价全面持续下降"是这三种观点所共同的。鉴于此,我们可以将通货紧缩简单地理解为物价全面持续下降、货币购买力较高的经济现象。

■ 通货紧缩的类型

划分通货紧缩的类型,能够帮助我们更好地理解通货紧缩的形成机制及本质特征。按照不同的划分标准,可以将通货紧缩分为相对通货紧缩、绝对通货紧缩、需求不足型通货紧缩、供给过剩型通货紧缩,具体见表10-7。

表10-7　通货紧缩的类型

1. 相对通货紧缩 　　相对通货紧缩是指一国的物价水平仍然保持正增长状态，但低于该国实现充分就业、经济增长所需的物价水平，不利于经济的健康发展
2. 绝对通货紧缩 　　绝对通货紧缩是指一国的物价水平为负增长状态、通货严重不足
3. 需求不足型通货紧缩 　　需求不足型通货紧缩是指由于总需求严重不足，导致原本正常的供给过剩而引发的通货紧缩
4. 供给过剩型通货紧缩 　　供给过剩型通货紧缩是指由于生产率提升造成产品供应数量过多，供过于求而引发的通货紧缩

① **相对通货紧缩**

相对通货紧缩是指一国的物价水平仍然保持正增长状态，但低于该国实现充分就业、经济增长所需的物价水平，不利于经济的健康发展。相对通货紧缩的问题相对乐观，但若得不到妥善处理，将为该国经济发展埋下巨大的隐患。

② **绝对通货紧缩**

绝对通货紧缩是指一国的物价水平为负增长状态、通货严重不足。按照物价水平对经济的影响程度，可以将绝对通货紧缩划分为三种类型，分别为轻度通货紧缩、中度通货紧缩和重度通货紧缩。其中，轻度通货紧缩是指物价出现负增长，但幅度低于5%，且持续时间少于两年；中度通货紧缩是指物价出现负增长，幅度处于5%~10%这一区间，且持续时间超过两年；重度通货紧缩是指物价出现负增长，幅度大于

10%，且持续两年以上。20世纪20年代，全球经济危机中的通货紧缩即重度通货紧缩。

③ 需求不足型通货紧缩

需求不足型通货紧缩是指由于总需求严重不足，导致原本正常的供给过剩而引发的通货紧缩。造成需求不足的原因是复杂的，按照引发需求不足的原因，又可以将需求不足型通货紧缩划分为消费需求不足型通货紧缩、投资不足型通货紧缩、国外需求不足型通货紧缩。

④ 供给过剩型通货紧缩

供给过剩型通货紧缩是指由于生产率提升造成产品供应数量过多，供过于求而引发的通货紧缩。需要注意的是，供给过剩型通货紧缩并不是绝对不利的，它是人类经济社会发展的必经现象。在技术更新、管理效率提高的过程中，市场机制调节本身的滞后性势必会引发供给过剩问题，但如果不对供给过剩型通货紧缩进行及时的疏导和控制，同样会阻碍经济的健康发展。

8. 通货紧缩是如何形成的？

不同国家发生通货紧缩时的经济水平、国内政策环境存在差异，因此引发通货紧缩的原因也有所不同。归纳国内外金融学家、经济学家针对通货紧缩的成熟理论，我们可以大致概括出导致通货紧缩的形成原因（图10-3）。

通货紧缩的形成原因

1. 货币政策引发通货紧缩
2. 经济循环引发通货紧缩
3. 投资、消费不足引发通货紧缩
4. 劳动生产率提升引发通货紧缩
5. 金融体系效率下降引发通货紧缩

图10-3　通货紧缩的形成原因

■ 货币政策引发通货紧缩

若一个国家采取紧缩型货币政策，即减少市场中货币的供应量，减少公共开支，就会造成货币过少、商品过多，最终引发通货紧缩。

■ 经济循环引发通货紧缩

经济的发展并不是一帆风顺的。若从长期来看，一国的生产力水平、就业水平整体呈现上升趋势。若从短期来看，一国的生产力、就业水平等经济变量总是时高时低，这种现象被称之为经济循环。经济循环是指一个国家或地区经济发展水平呈现出周而复始的波动现象。在一个经济循环周期内，经济发展会面临萧条、复苏、繁荣和衰退4个阶段，这种波动会规律的、周而复始的出现。一旦经济达到繁荣的巅峰状态，由于生产过剩、商品供给量大于需求量，就会引发物价下降，最终导致通货紧缩，这种通货紧缩伴随经济循环而循环。

■ 投资、消费不足引发通货紧缩

在宏观经济形势不容乐观、投资及消费不足的情况下，由于社会总需求减少导致物价下跌，最终引发通货紧缩。

■ 劳动生产率提升引发通货紧缩

由于技术的更新、管理制度健全导致生产率提高，进而造成产品供给过剩，商品价格大幅度下降，最终引发通货紧缩。

■ 金融体系效率下降引发通货紧缩

在经济增长速度较快、形势一片大好的过热状态下，商业银行出于对市场的信心盲目扩大信贷业务规模，形成庞大的不良资产，加之企业、居民丧失信贷的意愿和能力，最终导致信贷萎缩、社会总需求不足，最终引发通货紧缩。

第十一章

货币政策

不同国家或地区会根据自身的经济发展目标，对货币供应量及信用量进行调节。这些调节离不开货币政策的制定，货币政策包含扩张性货币政策、紧缩性货币政策两种类型。

第一节　货币政策是什么

内容提要

货币政策是指国家为调节货币供应量及信用量的一系列政策，宏观上可划分为紧缩性货币政策和扩张性货币政策，货币政策体现了国家的宏观调控水平。

1. 什么是货币政策？

从狭义来看，货币政策是指国家中央银行基于特定经济目标控制和调节货币供应量、信用量的政策总和；从广义上来看，货币政策囊括了政府、中央银行及其他有关部门针对货币的政策及影响金融变量的一切规定。在本书中，仅对狭义的货币政策做讨论。货币政策由中央银行制定和执行，以货币供应量为调节对象，通过调节货币供应量来控制利率、信贷供应关系，其最终目的在于调整社会总需求及总供给的关系。

2. 货币政策有哪些类型？

按照货币政策对总产出的作用，可以将其划分为扩张性货币政策和紧缩性货币政策两种类型。联系上文来看，扩张性货币政策、紧缩性货币政策与扩张性财政政策、紧缩性财政政策有共同之处。同样的，在经济不景气的状态下，中央银行采取扩张性货币政策，以降低利率的形式引导资金从银行流向市场，从而增加货币供给，以此来 刺激投资和出口，最终有效提升社会总需求，抑制通货紧缩问题；在经济繁荣的状态下，中央银行则采取紧缩性货币政策，以提升利率的形式引导资金从市场流回银行，从而减少市场中的货币供给，以此来抑制投资与消费，缓解通货膨胀问题。

第二节 货币政策的目标体系

内容提要

　　货币政策基于一定的目标而制定，而货币政策目标体系则由操作目标、中介目标和最终目标构成，三者缺一不可。在本节中，将展开讨论货币政策的最终目标、中介目标和操作目标的具体组成，并介绍其衡量指标及不同目标的特征。

　　一个国家或地区实施货币政策，势必要达到一定的目的。货币政策的目的并不是唯一的，它包含了操作目标、中介目标和最终目标，三者构成一个循序渐进的有机体系。在本节中，笔者将详细说明货币政策目标体系的构成及衡量指标。

1. 货币政策的最终目标是什么？

　　货币政策的最终目标包括稳定物价、实现充分就业、实现经济增长和平衡国际收支四个目标，具体见图11-1。

货币政策的最终目标

1. 稳定物价
2. 实现充分就业
3. 实现经济增长
4. 平衡国际收支

图11-1　货币政策的最终目标

■ 稳定物价

中央银行实行货币政策的首要目标就是稳定物价（对应币值的稳定），就是要避免通货膨胀和通货紧缩，使得一般物价水平保持在合理的范围内。当前，各个国家衡量物价的指标主要包括国民总收入平均指数、消费物价指数和批发物价指数。其中，国民总收入平均指数以构成国民总收入的商品和劳务为对象，体现出商品和劳务价格的变动情况；消费物价指数以消费者支出为对象，体现出消费物价水平的变动情况；批发物价指数以批发交易为对象，体现出大宗交易的物价水平变动情况。

■ 实现充分就业

充分就业是指将就业率保持在良好、稳定的水平，一切有能力、有意愿工作的人能够在适合的岗位上就业。在考察是否实现充分就业时，一般以失业率指标为尺度。失业率越高，表明社会充分就业程度越低，生产资源被浪费，不利于经济的正常增长。因此，降低失业率成为各国殚精竭虑解决的重大问题。

按照失业的原因，可以将失业划分为自愿失业、非自愿性失业等不同类型。其中，自愿失业是指劳动人口主观不愿意就业而造成的失业现象。由于自愿失业难以借助经济手段来消除，因此被排除在经济学的研究范畴之外；非自愿性失业是指劳动人口具备劳动能力、劳动意愿且接受当前工资水平但仍然没有工作的现象。由于非自愿性失业是由于经济萧条、产业结构升级、技术革新等客观因素所导致的，可借助经济手段进行改善，是经济学中研究的主要对象。

非自愿性失业又包括结构性失业、周期性失业、技术性失业等。结构性失业是指由于劳动力供给和需求不匹配所引发的失业。其显著特点为：既存在失业人口，又存在空缺职位，主要归因于失业者的居住区域、职业技能等就业条件与现有的空缺职位要求不相符合。周期性失业是指由于经济周期波动所引发的失业。在上文中，我们提到经济周期存在萧条、复兴、繁荣、衰退等不同阶段。在萧条和衰退阶段，由于社会总需求下降，相应的总产出也随之减少，对劳动力的需求相应减弱，此时引发失业。对比其他失业类型来看，周期性失业通常是大规模、跨行业、跨区域的。但需要注意的是，不同行业受到周期性失业影响的程度存在差异。一般情况下，需求收入弹性越大的行业，受到周期性失业的影响越严重。技术性失业是在生产过程中引进先进技术代替人力，以及改善生产方法和管理而造成的失业。从两个角度观察，从长远角度，劳动力的供求总水平不因技术进步而受到影响；从短期看，先进的技术、生产力和完善的经营管理，势必会提高劳动生产率，从而导致部分劳动力丧失用武之地。

■ 实现经济增长

实现经济增长是指经济保持稳定、较高、合理的增长速度。在衡量经济增长程度时，一般以人均国民生产总值的年增长率为主要指标。因此，提高国民生产总值年增长率，是各个国家货币政策的最终目标之一。

经济的稳定增长，需要实现对各类经济资源的合理配置。中央银行作为发行货币、制定货币政策的主管部门，直接影响着资本的供给和配置。因此，中央银行以经济增长为最终目标，主要是指中央银行基于国家宏观经济目标，借助一切货币工具来组合、协调资源的运用与配置，如中央银行为促进投资增加货币供给或降低利率。长期以来，世界多数国家的中央银行均将经济增长作为货币政策的最终目标之一。但不同国家货币政策中经济增长的地位存在差异，显著性程度有所不同，这主要取决于该国在特定时期的经济发展水平。举例说明，20世纪30～50年代，美国在应对第二次世界大战的过程中大量支出军费，商品与劳务产量严重下降，经济呈现出明显的衰退趋势。这一阶段，美国货币当局就将经济增长作为货币政策目标的重中之重。20世纪70年代后，由于美国长期占据世界经济霸主地位，经济增长已经不再是其货币政策目标的关键，而转向于抑制通货膨胀、稳定物价水平。

■ 平衡国际收支

在第五章中已对国际收支的相关概念作简单论述，也对国际收支平衡和国际收支失衡有所提及。一旦国际收支失衡，对本国经济将造成不良影响，若长时间保持逆差，就会造成本国外汇储备减少，产生巨大的国际债务；若长时间保持顺差，就会导致外汇限制，造成资金资源浪费，特殊情况下还可能引发通货膨胀问题。

各个国家的国际收支并不总是平衡的，因此以平衡国际收支为货币政策目标是普遍的。美国在20世纪60年代前，并未将平衡国际收支作为货币政策目标，直至60年代初期美国国际收支出现长期逆差，美元迅速贬值，黄金储备大量流失，美国就将平衡国际收支列为货币政策的重要目标。而英国国内资源不足，对国际贸易存在较大的依赖性，因此国际收支情况对其整体经济发展具有重要作用。一旦国际收支失衡，就会引发国内经济萎缩、货币流通不畅等一系列问题。因此，英国长期将国际收支平衡作为中央银行实施货币政策的重要目标。

在上述内容中，我们对货币政策的四个最终目标做了详细说明。但需要注意的是，在实施货币政策的具体过程中，想要同时实现稳定物价、充分就业、经济增长、国际收支平衡存在较大的难度，某一政策目标的实现，往往会和其他政策矛盾产生冲突（图11-2）。

四个矛盾

1. 稳定物价与充分就业的矛盾
2. 稳定物价与经济增长的矛盾
3. 经济增长与平衡国际收支的矛盾
4. 充分就业与经济增长的矛盾

图11-2 四个矛盾

接下来，笔者将对不同货币政策目标的冲突、解决冲突的措施进行简要阐述。

■ 稳定物价与充分就业的矛盾

稳定物价与充分就业这两个货币政策目标出现冲突的概率较高。要想减少失业率，就必须提高就业人口的货币收入。若货币收入增幅超过

了劳动生产率的增幅，生产成本随之增加。为控制生产成本，企业选择
减少商品及劳务的供应量。在"货币多、供应少"的状态下就会引发成
本推进型通货膨胀，最终导致物价上涨。若货币收入增幅过低，就难以
实现促进就业的效果。

在描述稳定物价与充分就业的冲突关系时，可借助菲利普斯曲线来
帮助理解。20世纪50年代末期，英国经济学菲利普斯根据英国
1861～1957年失业率与货币工资增长率的相关资料，绘制出一条表示失
业率与货币工资增长率的关系曲线，具体见图11-3。

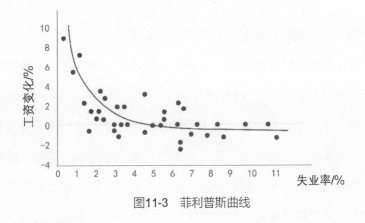

图11-3　菲利普斯曲线

该条曲线说明，失业率与货币工资增长率呈现出负相关的关系。若
失业率较高，则货币工资增长率较低；若失业率较低，则货币工资增长
率较高。由于货币工资收入与通货膨胀又存在正相关关系，因此菲利普
斯曲线又得以变形，用于描述通货膨胀与失业率此消彼长的负相关
关系。

根据菲利普斯曲线我们可以发现，失业率与物价变动存在负相关关

系。失业越多，则物价上涨越少；失业越少，则物价上涨越多。因此，货币当局在权衡充分就业和物价稳定这两个目标时，只能够达到三种结果：第一种为物价稳定、失业率较高；第二种为实现充分就业、通货膨胀率较高；第三种为根据实际的经济状况，对物价上涨率和失业率进行相机抉择。

■ 稳定物价与经济增长的矛盾

稳定物价与经济增长是否无法齐头并进，这一问题在理论界存在诸多争议。对相关观点进行总结，大致如下所述。

① 观点一：物价稳定是经济增长的重要前提

伴随着劳动力数量的增加、生产技术的进步，物价稳定才能维持经济增长。这种观点认为，只有物价稳定，才能维持经济的长期增长势头。一般而言，劳动力增加，资本形成并增加，加上技术进步等因素促进生产的发展和产量的增加，随之而来的是货币总支出的增加。由于生产率是随时间的进程而不断发展的，货币工资和实际工资也是随生产率而增加的。只要物价稳定，整个经济就能正常运转，维持其长期增长的势头。这实际上是供给决定论的古典学派经济思想在现代经济中的反映。

② 观点二：物价的轻微增长有益于经济增长

这种观点认为，经济的长足发展，需要物价的轻微增长作为动力，这主要见诸于凯恩斯学派的观点。该学派认为：轻微的通货膨胀并不是完全无益的，而是良好的经济催化剂。在未实现充分就业前货币供给量增加，此时物价上涨缓慢，有利于提高就业率，并最终拉动产量的提升。从某种程度而言，轻微的通货膨胀是经济增长的润滑油。

③ 观点三：经济增长有益于稳定物价

这一观点最早由马克思提出，该观点认为，伴随着经济的进步，商品和劳务的价格处于稳定或减少状态。由于劳动生产率不断提高，技术、人力资源等生产要素投入不断增加，单位产品生产成本不断减少，其价格也随之下降，因此经济增长与稳定物价的货币政策目标并不冲突。但在现实的经济社会中，除去战争、经济危机等特殊时期外，经济的增长势必与物价的上涨相对应，因此经济增长有益于稳定物价的观点存在偏颇之处。

综合我国改革开放40周年以来的经济建设经验、西方国家的货币政策实践结果来看，要想实现经济增长与物价稳定的双重目标显然困难重重。在发展经济的过程中，政府往往将追求经济增长作为首要目标，通过扩大信贷规模、增加投资等手段来刺激需求，这样的策略势必会导致货币供给量的增加，从而造成货币购买力下降、物价上涨，这也是导致经济增长与物价稳定存在矛盾的重要原因。

■ 经济增长与平衡国际收支的矛盾

对于一个对外开放的国家而言，经济增长与国际收支平衡会遭遇以下冲突：首先，伴随着国家经济的发展，国民收入不断提高，其消费能力也随之增强，对于进口商品的需求增加。因此，经济增长会导致进口增加。若该国的出口贸易无法伴随着进口贸易的增加而增加，就会出现国际收支逆差的问题。其次，在经济增长的过程中，势必会涌入大量外资。尽管这些外资有益于弥补国际收支逆差，但却并不意味着能够实现经济增长与国际收支平衡的双赢局面。原因在于：一个国家在特定的政策条件、经济环境和人才基础下，其创新能力、本土产品在国际市场上的竞争能力决定了其引进技术、设备、资金的规模。因此，一国对外资的利用和引进是有限的。若将平衡国际收支作为引进外资的唯一功能，外资在经济增长方面应有的作用就无法发挥。若将促进经济增长作为引进外资的唯一功能，不考虑国内资金的配置能力和国际清偿能力，就会导致国际收支失衡，不利于经济的长足发展。

■ 充分就业与经济增长的矛盾

普遍情况下，经济增长能够创造出丰富的就业机会，从而降低失业率，但这却并不是绝对的。如通过技术改进所实现的经济增长，由于机器生产力提高，取代了部分劳动力，就会导致就业机会减少，不利于实现高就业。另一方面，盲目追逐超高就业率，硬性分配劳动力就业，可能会打击劳动力的积极性，造成其生产绩效下降，影响产量和效益，最终阻碍经济的增长。因此，充分就业与经济增长间也存在或多或少的矛盾。

2. 货币政策的中介目标是什么？

在实施货币政策的过程中，中央银行所运用的政策工具并不能够直接作用于最终目标。为了实现政策传导，中央银行需要插入操作目标和中介目标。其中，中介目标是最终目标的检测器，为中央银行跟踪货币政策的实施效果提供有力抓手，中央银行通过精准地控制中介目标，来监测货币政策的实施状况。可以说，中介目标是实现货币政策最终目标的重要保障。

■ 中介目标的特征

中介目标的3个特征见表11-1。

表11-1　中介目标的3个特征

---

1. 可测性
　中央银行可及时、迅速掌握中介目标指标的变动情况，且获得相关数据资料的难度较小，能够对这些数据进行科学分析，并基于这些数据对决策作出调整。若不设置中介目标，中央银行去搜集体现最终目标的指标数据存在较大难度，如分析物价上涨率、就业率、经济增长率，需要耗费大量的时间、人力资源和成本，短期内根本无法实现

---

2. 可控性
　中央银行可以通过不同类型的货币政策工具来控制中介目标指标

---

3. 相关性
　中央银行所选择的中介目标和货币政策的最终目标存在直接关联，通过调控中介目标，能够促进货币政策最终目标的达成

■ 中介目标的重要指标

中介目标的重要指标如图11-4所示。

图11-4　中介目标的重要指标

① 长期利率

在欧美等西方国家中，利率是重要的中介目标之一。之所以选择利率作为货币政策的中介目标，原因在于：首先，利率能够有效地体现货币与信用的供给水平；其次，中央银行可以通过一定的货币政策和行政手段来控制与调节利率；第三，获取利率指标相关数据的难度较小。

② 货币供给量

在第十章中，笔者对货币需求和供给的经典理论有所论述。其中提到以弗里德曼为代表的学者认为货币供给量为外生变量，可由货币当局直接控制，且货币供应量直接对经济活动产生影响。因此，货币供给量也被视为重要的中介目标。在选取货币供给量作为中介目标时，需要注意以下问题：首先，中央银行必须要能够有效地控制货币供应量。除去基础货币的变动外，还存在一些中央银行无法完全控制的非政策性因素，如定期存款比率、商业银行超额准备金率等。若中央银行无法有效控制货币供给量，选择货币供给量作为中介目标，将无法促进货币政策最终目标的实现。其次，要充分考虑货币供给量传导的延迟问题；若中央银行通过调整变动金的形式来影响货币供给量，会存在时滞问题，如何妥善处理这一问题，将影响货币政策的实施效果。

③ 贷款量

选择贷款量作为中介目标的原因在于：首先，贷款量与物价稳定、充分就业、经济增长等最终目标具有密切的关联性，在货币流通的过程中，现金、存款货币均经由贷款活动而流动，中央银行对贷款量进行控制，就意味着能够有效把控货币供给量；其次，贷款量作为内生变量，其贷款规模与贷款需求密切相关，一般贷款需求越大，贷款规模越大；最后，获得贷款量数据的难度较小，具有良好的可测性和可控性。

3. 货币政策的操作目标是什么？

操作目标是央行货币政策工具能直接作用，又与中介目标联系紧密的金融变量，其对货币政策工具反应较为灵敏，有利于央行及时跟踪货币政策效果（图11-5）。

货币政策的操作目标

短期利率
商业银行的存款准备金
基础货币

图11-5　货币政策的操作目标

① 短期利率

短期利率一般为市场利率，是能够及时、准确体现当前市场供求关系的利率，是中央银行控制货币供求与信用活动规模的重要操作目标。

② 商业银行的存款准备金

无论中央银行采取何种政策工具，调整商业银行的准备金，都是传导货币政策的必由之路。对商业银行存款准备金的变动，深刻影响着货币政策的中介目标和最终目标。一般情况下，商业银行存款准备金越少，意味着其具有较强的贷款和投资能力，因此货币供应量较高，而货币需求量较少。

③ 基础货币

基础货币是指商业银行准备金和流通中货币的总和，具体包括了社会公众持有的现金、商业银行在中央银行的存款、银行持有的现金等。基础货币是中央银行频繁使用的重要操作指标，但仅凭基础货币的变化量还无法完全说明和衡量货币政策，还需要考虑基础货币的内部构成。原因在于：首先，若基础货币总量保持不变，此时法定准备率下降，银行法定准备减少、超额准备增加，此时为扩张性货币政策；其次，若存款从准备比率较高的银行转移到存款比率较低的银行，平均准备比率出现一定程度的下降，因此中央银行必须要对基础货币进行调整。

长期以来，基础货币都被视为理想的操作目标，原因在于基础货币为中央银行的负债，中央银行能够及时、准确、全面地掌握自身已发行现金及存款准备金的相关情况，进而实现对基础货币的有效控制。对比银行准备金来看，基础货币还涉及了社会公众通货持有量这一问题，因此将其作为操作目标较为合理。

第三节　货币政策工具体系

内容提要

　　在实施不同的货币政策时，可以采取不同的货币政策工具，这些货币政策目标存在各自的优势和缺陷。货币政策工具包括一般性货币政策、选择性货币政策和补充性货币政策等不同类型。在本节中，将对不同货币政策工具体系的组成、特征和手段进行介绍。

　　对中央银行而言，其可采用的货币政策工具并不是唯一的。不同的调节工具具有各自的优势和不足，中央银行将结合实际情况，选择和组合不同的货币政策工具，构成一个完整的货币政策工具体系。在货币政策工具体系中，可以将货币政策工具划分为以下三种类型（表11-2）。

表11-2　货币政策工具的三种类型

1	一般性货币政策	① 法定存款准备金率政策 ② 再贴现政策 ③ 公开市场业务政策
2	选择性货币政策	① 消费者信用控制 ② 证券市场信用控制
3	补充性货币政策	① 直接信用控制 ② 间接信用控制

■ 一般性货币政策

① 法定存款准备金率政策

法定存款准备金率是指基于相关法律的规定，存款货币银行存放在央行中的存款与其吸收存款的比率。存款货币银行的信用扩张能力越强，中央银行投放的基础货币越多，法定存款准备金率越低。若央行采取紧缩政策，选择提高存款准备金率，此时存款货币银行的信用扩张能力下降，有效控制其信贷业务规模，最终收缩市场中的货币供应量。

② 再贴现政策

再贴现政策是指存款货币银行持客户贴现的商业票据向央行申请贴现，从而获得央行信用支持的政策。央行可以基于自身的政策需求对再贴现率进行调节。一旦央行提高再贴现率，存款货币银行借入资金的成本增加，此时货币供应量减少。若央行选择降低再贴现率，存款货币银行借入资金的成本降低，此时货币供应量增加。

对比法定存款准备金率政策来看，再贴现政策存在较大的操作空间，较为灵活。但毋庸置疑的是，掌握再贴现政策主动权的不再是中央银行，而是存款货币银行。原因在于：存款货币银行的融资渠道并不是唯一的。除去请求央行信用支持，存款货币银行还可以通过出售证券等形式来筹措资金。在执行再贴现政策时，存款货币银行是否主动配合、积极参与，将影响再贴现政策的管理效果。

③ 公开市场业务政策

公开市场业务是指中央银行公开出售、募集债券的业务活动，这是一种相对灵活、可控的金融工具。在开展公开市场业务的过程中，中央银行能够对基础货币的供应量、利率进行调节，从而达到控制整体市场货币供应量的目的。

■ 选择性货币政策

法定存款准备金率政策、再贴现政策以及公开市场业务政策在调节宏观经济时，以调节货币总量为手段，而选择性货币政策则通过对消费者信用、证券市场等施加影响，实现对宏观经济的调节，具体包括以下内容。

① 消费者信用控制

是指中央银行控制和管理除不动产以外其他消费品的销售融资活动，具体包括规定分期付款的首付金额、还款期限等。

② 证券市场信用控制

是指中央银行控制和管理证券交易市场的信贷活动，如规定缴纳证券保证金比例等。

■ 补充性货币政策

① 直接信用控制

中央银行以行政命令、法律强制执行等手段对金融机构的信用活动进行直接控制，如规定最高利率、信用配额、流动比率。在直接信用控制政策中，最常见的手段为规定存贷款最高利率、最低利率。

② **间接信用控制**

中央银行以道义劝告、窗口指导等手段对金融机构的信用活动进行间接控制。其中，道义劝告是指中央银行以通告、面谈管理人员的形式，要求金融机构遵守国家相关政策，而窗口指导则是指中央银行根据经济运行过程中的实际情况，对金融机构提出增减信贷量的建议。对比直接信用控制来看，窗口指导和道义劝告的约束力一般，但相对灵活，且为金融机构调整自身业务提供了一定的空间。但需要注意的是，间接信用控制的前提，在于央行在金融体系中必须要具备高度的权威地位，且经由法律确认其在信用控制方面的权限，否则间接信用控制将难尽其用。

第四篇

国际金融体系与国际金融机构

第十二章

国际货币体系与国际金融组织

不同国家的金融体系和金融政策存在差异。为协调不同国家和地区的金融事务，顺应经济全球化趋势，必须要形成具有统一标准的国际金融体系，或设置处理国际金融活动事务的国际金融组织。在第十二章中，将对国际货币体系及国际金融组织的基本概念、主要构成、演变历史进行介绍。与此同时，还将围绕"金融全球化""经济全球化"展开论述。

第一节　国际货币体系

内容提要

国际货币体系经历了不断的变化和革新，从国际金本位制，到以美元为中心的布雷顿森林体系，再到牙买加体系，各国货币比价原则、国际储备资产的供应和确定方式、国际收支的调节模式均发生着深刻的变化。在本节中，将对国际货币体系的基本定义、构成、演变历史进行详细介绍。

1. 什么是国际货币体系？

国际货币体系是各国政府为适应国际贸易与国际结算的需要，对货币的兑换、国际收支的调节等所作的安排或确定的原则，以及为此而建立的组织形式的总称。

2. 国际货币体系有哪些构成要素？

国际货币体系的构成见表12-1。

表12-1　国际货币体系的构成

1	各国货币比价的确定，包括汇率确定的原则、波动的界限、调整的幅度等
2	各国货币的兑换性与对国际收支所采取的措施，如本国货币能否对外兑换以及是否限制对外支付等
3	国际储备资产的确定以及储备资产的供应方式
4	国际收支的调节方法，包括逆差国和顺差国承担的责任
5	国际金融事务的协调、磋商和有关的管理工作

3. 国际货币体系是如何演变至今的？

国际货币体系的形成与演变如图12-1所示。

1 国际金本位制(1880～1914年)

2 国际金汇兑本位制(1918～1939年)

3 布雷顿森林体系 (1944～1973年)

4 牙买加体系时期(1973年至今)

图12-1　国际货币体系的形成与演变

■ 国际金本位制（1880~1914年）

金本位是历史上第一个国际货币体系，它是指以黄金为国际货币的金融体系。在金本位货币体系中黄金为国际货币，可以自由输出输入国境、自由兑换、自由铸造和流通，是国际结算和国际储备的主要货币。在国际金本位体系下，不同国家货币的比价、黄金与金铸币及银行券的比价、物价水平均处于相对稳定的状态，有利于稳定汇率、推动国际贸易，加剧国际间资本的自由流动，在推动各国经济发展方面作出巨大贡献。但与此同时，金本位体系对于黄金的依赖性过大，在现实的经济生活中，黄金产量难以满足世界贸易的需求，不同国家经济实力存在差异导致黄金储备严重不平衡，造成黄金兑换困难。第一次世界大战爆发后，各个国家纷纷停止黄金输出、禁止银行券与黄金的自由兑换，国际金本位体系由此凋敝。

■ 国际金汇兑本位制（1918~1939年）

第一次世界大战期间，各国开始禁止黄金输出，采取浮动汇率制，各国币值变化频繁，原本统一的国际货币体系完全崩溃。第一次世界大战结束后，由于黄金储备不平衡、黄金产量不足等问题，金本位制度难以为继，于1922年召开世界货币金融会议，确立开始实施国际金汇兑本位制。在金汇兑本位制下，国内不流通金币而流通银行券，银行券无法直接购买黄金，而只能以购买外汇、外汇再购买黄金的形式兑换。需要注意的是，并不是所有国家都采取金汇兑本位制，如在战争中大发横财的美国仍选择使用金本位制，而采用金汇兑本位制的印度、菲律宾、德国等由于受到了金本位制国家在经济方面的控制，因此金汇兑本位制带有一定的附庸性。

1929年，美国华尔街爆发金融危机并迅速蔓延到其他国家，引起国际经济的海啸。在经济危机期间，各国纷纷将大量美元兑换为黄金，美国、英国在经济遭受重创的情况下难以应对，于1933年宣布不再使用金本位制和金块本位制，这直接导致了国际货币体系的完全瓦解，金汇兑本位制彻底退出历史舞台，出现了英镑、美元、法郎三大货币集团相互对峙、以邻为壑的混乱局面，英镑集团、美元集团、法郎集团将各自国家的货币作为国际清偿能力和储备货币的主要来源，并竞相竞争在国际金融市场上的主导权，这一局面一直持续到第二次世界大战结束。

■ 布雷顿森林体系（1944~1973年）

第二次世界大战后期，美国、英国两国政府为维护本国利益，分别提出"怀特计划"和"凯恩斯计划"，企图重构战后国际货币体系。第二次世界大战结束后，美国成功问鼎资本主义世界霸主，其国际黄金储备实力无人能比，美元的国际地位随之提升。1944年，美国、英国正式达成针对怀特计划的"关于设立国际货币基金的专家共同声明"。

1944年7月，以美国、英国为首的西方国家召开联合国国际货币金融会议，正式确定布雷顿森林体系。布雷顿森林体系围绕外汇自由化、资本自由化和贸易自由化，确定了美元与黄金挂钩、各国货币与美元挂钩、以美元为世界货币中心的国际金汇兑本位制，并建立起永久性的国际货币金融组织——国际货币基金组织，同时还确立了固定汇率制、美元的发行及兑换方式。布雷顿森林体系的确立，有效稳定了国际金融市场，在促进国际金融合作方面具有重要意义。但布雷顿森林体系企图以美国这样一个唯一的经济实体来维持世界金融市场显然不是长久之计，美国的起伏与兴衰将直接导致世界金融市场整体的波动。

特里芬难题

1960年，美国经济学家罗伯特·特里芬在其《黄金与美元危机——自由兑换的未来》一书中提出："由于美元与黄金挂钩，而其他国家的货币与美元挂钩，美元虽然取得了国际核心货币的地位，但是各国为了发展国际贸易，必须用美元作为结算与储备货币，这样就会导致流出美国的货币在海外不断沉淀，对美国国际收支来说就会发生长期逆差；而美元作为国际货币核心的前提是必须保持美元币值稳定，这又要求美国必须是一个国际贸易收支长期顺差国。这两个要求互相矛盾，因此是一个悖论。"

特里芬难题的提出，充分揭示了布雷顿森林体系的内在矛盾。要想确保布雷顿森林体系得以正常运转，必须要保证美国国际收支始终处于顺差状态、美国黄金储备充足、黄金价值保持不变，而这三个条件是不可能长久同时实现的。事实也的确如此，由于美国自1948年起开始实行援助西欧的马歇尔计划，且美国长期保持低利率政策，造成大量资金外流，美元不断贬值，其国际地位不断被削弱，美国的国际收支逆差持续扩大，多次引发美元危机。1973年3月，西欧显现抛售美元、抢购黄金的浪潮，最终导致以美元为中心的固定汇率制度崩溃，布雷顿森林体系由此解体。

■ 牙买加体系时期（1973年至今）

布雷顿森林体系崩溃后，1976年国际贸易基金组织通过《牙买加协定》，确立了浮动汇率的合法性，并提出继续维持全球多边自由支付原则。《牙买加协定》仍承认美元在国际货币体系中的领导地位，美元的国际储备货币职能得以延续，但布雷顿森林体系所形成的规范和操作准则已然弱化，形成无体系的体系——牙买加体系。

按照《牙买加协定》，黄金不再与各国货币直接挂钩，不作为汇价的基础，美元不再是唯一的国际储备，美元、欧元、日元、黄金、特别提款权等共同作为国际储备，允许单独浮动、联合浮动、管理浮动等多元化的浮动汇率制度，且采取汇率调节、利率调节、IMF组织干预等不同的货币调节机制。对比布雷顿森林体系来看，牙买加体系摆脱了对于单一经济体的依赖，采取更为灵活的货币供应机制，"特里芬难题"得以迎刃而解，多种多样的货币调节机制相互补充、相互掣肘，有效回避了单一调节机制失灵的问题。但多元化的国际储备却造成国际货币格局动荡不定，管理、干预和调节的难度较高。与此同时，浮动汇率制度加剧了国际金融市场的复杂程度和混乱程度，使得短线投机行为有机可乘，为后期多次的金融危机埋下伏笔，但瑕不掩瑜，牙买加体系在推进资本全球化、实现全球区域协调与合作方面的重大作用是毋庸置疑的。

第二节　国际金融组织

内容提要

　　国际金融组织是处理国际金融事务的主体。当前，典型的国际金融组织包括世界银行、国际货币基金组织、国际开发协会。在本节中，笔者将介绍这些国家金融组织的创办历史、服务宗旨和业务内容。

1. 什么是国际金融组织？

　　狭义上的国际金融组织是指政府间国际金融组织，即两个或两个以上的国家基于共同的经济利益及发展目标，通过缔结条约、共同协商的形式建立的金融组织。广义上的国际金融组织除去国家与国家间的金融组织外，还包括不同类型的民间国际金融组织。在本书中，仅对狭义的国际金融组织进行介绍。接下来，笔者将对具有强大影响力的几个国际金融组织的创办历史、宗旨和业务内容进行简单说明，具体如下。

2. 什么是世界银行？

　　世界银行即世界银行集团，是联合国经营国际金融业务的下属机构，于1945年正式宣告成立。世界银行成立的初衷在于帮助欧洲国家、日本进行战后经济重建，同时促进扶持亚非拉国家经济的发展。日本、西欧国家经济得以振兴后，世界银行开始将发展中国家作为关注的重点对象，着力促进发展中国家经济和社会的全面发展，我国在恢复世界银行成员国身份的次年就接受了世界银行的第一笔贷款。目前，世界银行是国际上提供发展援助最多的机构之一，在支持发展中国家修建学校、医院、水电基础设施、疾病防治、环境保护与污染治理方面作出诸多贡献。

■ 世界银行的宗旨

按照《国际复兴开发银行协定条款》的规定，世界银行的工作宗旨为：通过投资生产事业，协助成员国经济的复兴与建设，鼓励发展中国家的资源开发；通过担保或参加私人贷款及其他私人投资的方式，促进私人对外投资。当成员国不能在合理条件下获得私人资本时，可运用该行自有资本或筹集的资金来补充私人投资的不足；鼓励国际投资，协助成员国提高生产能力，促进成员国国际贸易的平衡发展和国际收支状况的改善；在提供贷款保证时，应与其他方面的国际贷款配合。

■ 世界银行的业务内容

世界银行的业务内容如表12-2所示。

表12-2　世界银行的业务内容

1. 金融产品与服务 　世界银行面向成员国提供贷款服务，用于扶持和帮助成员国的医疗卫生事业、基础设施建设、金融市场培育和私营部门发展、环境保护与污染治理等不同领域，提供的金融服务包括无息贷款、低息贷款等

续表

2. 创新型知识分享 　　世界银行借助政策建议、技术指导及援助、分析研究等不同手段为广大发展中国家提供支持，通过分享创新的金融知识和管理经验，为发展中国家的金融活动提供科学指导和借鉴经验
3. 提供贷款服务 　　1999年起，世界银行就将减少贫困作为自身发展规划的重心。世界银行依托国际复兴开发银行的资金优势和业务框架，为广大发展中国家提供贷款业务
4. 非贷援助 　　除去贷款业务外，非贷款援助也是改善成员国发展能力的重要手段之一

　　① 金融产品与服务

　　世界银行面向成员国提供贷款服务，用于扶持和帮助成员国的医疗卫生事业、基础设施建设、金融市场培育和私营部门发展、环境保护与污染治理等不同领域，提供的金融服务包括无息贷款、低息贷款等。此外，世界银行还通过与双边、多边捐助机构展开合作建立信托资金，为共成员国政府、商业银行、非银行系统的私营部门及金融机构提供资金。从世界银行成立到目前为止，世界银行已经在173个国家和地区开展了12215项金融服务。其中，世界银行在我国开展项目多达400个，向我国贷款551.2亿美元。

　　② 创新型知识分享

　　世界银行借助政策建议、技术指导及援助、分析研究等不同手段为广大发展中国家提供支持，通过分享创新的金融知识和管理经验，为发展中国家的金融活动提供科学指导和借鉴经验。常年来，世界银行都致力于组织和创办各类讨论金融议题的国际会议及学术论坛，从而帮助各国获得全球金融实践的前沿成果，建立起创新型知识的分析机制，并面向成员国提供便捷、可获取的金融工具和专业知识，如公开数据网站，供各国下载和查阅；开展网络直播活动，保持与各国公众的接触和沟通。

③ 提供贷款服务

1999年起，世界银行就将减少贫困作为自身发展规划的重心。世界银行依托国际复兴开发银行的资金优势和业务框架，为广大发展中国家提供贷款业务。与此同时，世界银行还积极吸纳来自私人部门和民间社会的资本，致力于共同营造一个积极、活跃的投资环境，为建立人力资本、为世界各国提供公平的经济机会奠定基础。

面向成员国特别是欠发达国家提供贷款，是当前世界银行业务活动的重中之重。在提供贷款服务时，世界银行针对项目确定、资格审核、资金流向跟踪、贷款归还等不同环节，制定了一系列严密的管控程序，从而达到控制风险、提高贷款服务质量的效果。其最终目的都在于为欠发达国家提供充足的发展资金。

④ 非贷援助

除去贷款业务外，非贷款援助也是改善成员国发展能力的重要手段之一。其中，赠款是世界银行工作的重要组成部分。世界银行设置有专门的信托基金用于管理援助款项，一旦某一成员国出现严重的自然灾害、经济危机时，世界银行就会为其提供及时的紧急援助。需要注意的是，这种紧急援助绝不仅限于为其提供资金，还包括制定经济恢复战略、为成员国设计灾害管理项目等。2001年，印度古吉拉特邦发生7.8

级地震，此次地震造成16.7万人受伤、2.5万人死亡，震区内基础设施遭到毁灭性破坏，大量城镇和村庄被夷为平地，给印度造成21亿美元的巨大损失，世界银行为印度提供了6亿美元的援助用于灾后重建。

3. 什么是国际货币基金组织？

1944年，联合国赞助的财金会议于美国布雷顿森林召开，会议上各国签订《国际货币基金组织协定》，将其作为第二次世界大战后重建计划的重要组成部分。该协定于1945年付诸实行，国际货币基金组织正式成立，该组织以监察货币汇率及各国贸易情况、为成员国提供技术和资金协助、维护全球金融秩序为重要职责。

■ 国际货币基金组织的宗旨

国际货币基金组织作为联合国常设机构，其宗旨为促进国际货币合作，为国际间切磋协商货币问题提供指导。常年来，国际货币基金组织致力于促进成员国金融业的发展，通过稳定国际汇率、安排汇价秩序等手段为国际贸易的扩大、世界经济平衡发展提供保障。与此同时，国际货币基金组织还帮助其成员国建立多边支付制度，若成员国出现国际收支失衡问题，该组织还为其提供普通资金，避免成员国为应对国际收支失衡采取抑制本国经济发展、阻碍国际金融市场繁荣的措施。

■ 国际货币基金组织的业务内容

国际货币基金组织的业务内容见表12-3。

表12-3　国际货币基金组织的业务内容

1	资金融通	在国际收支严重失衡时，国际货币基金组织的成员国可以申请贷款，用于缓解国际收支困难问题
2	制定措施	国际货币基金组织有权监管各个成员国的汇率、资金流动及其他外汇管制情况
3	组织作用	国际货币基金组织面向各个成员国提供权威资料和专业建议，且扮演着组织货币会议、协商各国金融活动关系的角色
4	基金评价	国际货币基金组织采取评价指标来管理外汇及规律，要求各个成员国必须制定本国货币的评价
5	普通提款权	当一个国家加入国际货币基金组织时，必须按一定的份额向该组织缴纳一笔资金
6	特别提款权	按照成员国认缴份额分配的、用于偿还国际货币基金债务、弥补成员国政府间国际收支逆差的账面资产

① 资金融通

在国际收支严重失衡时，国际货币基金组织的成员国可以申请贷款，用于缓解国际收支困难问题。在早期，国际货币基金组织成员国所申请的最高贷款限额不得超过其摊额的两倍。但后来国际货币基金组织逐渐取消了对于资金利用规模的限制，基于成员国的实际需求为其提供贷款。

② 制定措施

国际货币基金组织有权监管各个成员国的汇率、资金流动及其他外汇管制情况。成员国加入国际货币基金组织后，不得随意对自身货币的评价进行调整，除非由于经济周期等因素导致国际收支不平衡。与此同时，各个成员国不得将国际货币基金组织的资金用于支付巨额资本流出。

③ 组织作用

国际货币基金组织面向各个成员国提供权威资料和专业建议，且扮演着组织货币会议、协商各国金融活动关系的角色。

④ 基金评价

国际货币基金组织采取评价指标来管理外汇及规律，要求各个成员国必须制定本国货币的评价。各国在交易外汇的过程中，外汇价格的变动幅度不能够大于本国货币评价的2.25%。成员国在制定评价并经由国际货币基金组织公布后，未经该组织同意不得随意对评价进行调整。若该国出现国际收支不平衡的问题，则可向国际货币基金组织提出变更评价的申请。

⑤ 普通提款权

当一个国家加入国际货币基金组织时，必须按一定的份额向该组织缴纳一笔资金。按照国际货币基金组织的规定，认缴的份额25%必须以黄金或可兑换货币缴纳，其余75%须以本国货币缴纳。当成员国发生国际收支困难时，有权以本国货币抵押的形式向国际货币基金组织申请提用可兑换货币。而普通提款权也被称之为储备头寸，是指国际货币基金组织成员国在组织储备的部分提款权余额及该成员国向国际货币基金组织提供的可兑换货币贷款余额。普通提款权的大小，主要取决于该成员国在国际货币基金组织认缴的份额。

⑥ 特别提款权

在之前的章节中我们提及布雷顿森林体系的形成与瓦解。在布雷顿森林体系时期，由于美元直接与黄金挂钩，其他国家的货币汇率盯住美元，但黄金供给量却是有限的。由于美国在第二次世界大战后执行马歇尔计划，造成大量美元外流，且美国连年保持贸易逆差，造成美元急速贬值，美元危机频发，人们对于固定美元对黄金比率的信心逐渐丧失。在这样的背景之下，国际货币基金组织提出设置一种补充性的国际储备资产作为对美国以外美元供给的补充以维持布雷顿森林体系的运转。

1968年，"十国集团"提出正式提款权的正式方案，但由于法国拒绝签字而搁浅。直至1969年，国际货币基金组织创设特别提款权。什么是特别提款权呢？特别提款权也被称之为"纸黄金"，是指按照成员国认缴份额分配的、用于偿还国际货币基金债务、弥补会员国政府间国际收支逆差的账面资产。其价值取决于美元、欧元、人民币、日元、英镑组成的一揽子储蓄货币。若成员国出现国际收支逆差问题，就可以使用特别提款权向国际货币基金组织中的其他成员国换取外汇，从而达到偿还国际收支逆差的效果。特别提款权是国际货币基金组织对普通提款权的补充，该账面资产可与黄金、自由兑换货币一样作为国际储备。

4. 什么是国际开发协会？

国际开发协会成立于1960年9月24日，是世界银行的附属机构之一（另一机构为国际金融公司）。国际开发协会的宗旨是为成员国提供优惠贷款、促进其经济发展。成员国的政府可将国家开发协会的贷款用于建设交通运输设施、发展教育、扶持农业和经济发展等不同方面。在最初，国际开发协会的成员国在接受贷款时无需支付利息，只需要向国际开发协会支付每年0.75%的手续费，最长偿还期限为30年。后调整为前10年不偿还本金，第二个10年每年偿还1%的本金，逐年递增3%。

■ 国际开发协会的业务内容

国际开发协会的业务内容见表12-4。

表12-4　国际开发协会的业务内容

1. 面向成员国提供资助 　国际开发协会在提供金融服务的过程中，坚持为欠发达国家优先提供服务的原则，目的在于增加发展中国家的经济福祉，从而推动世界经济的平衡发展
2. 规定资助的方式和条件 　国际开发协会向成员国提供两种资助的方式
3. 修订资助条件 　国际开发协会有权根据成员国的金融市场成熟度、经济发展水平、发展潜力，按照实际情况对资助条件进行修订和调整，如适当放宽资助限制

① 面向成员国提供资助

国际开发协会在提供金融服务的过程中，坚持为欠发达国家优先提供服务的原则，目的在于增加发展中国家的经济福祉，从而推动世界经济的平衡发展。需要注意的是，若成员国可以从世界银行或其他组织获得贷款，国际开发协会将不会向其提供贷款。成员国在向国际开发协会提出贷款申请后，国际开发协会会指定审核委员会，对其贷款申请进行严格审核。需要注意的是，审核委员会中会包含一名来自贷款成员国的理事，若该理事反对此项资金，则国际开发协会不会向该成员国提供资助。成员国在获得国际开发协会的贷款后，只可将其用于特定的目的。

在使用贷款时，应当秉持节约、高效、公平竞争的基本原则。

② 规定资助的方式和条件

国际开发协会向成员国提供资助的方式有两种，第一种资助方式的资金来源于成员国认缴资金的本金、利息及其他费用；第二种资助方式的资金来源于认缴资金所衍生的补充资金。

③ 修订资助条件

国际开发协会有权根据成员国的金融市场成熟度、经济发展水平、发展潜力，按照实际情况对资助条件进行修订和调整，如适当放宽资助限制。

除去以上经营业务后，国际开发协会在征得成员国许可的前提下可向成员国、其他金融机构借入资金。与此同时，国际开发协会还具备发行债券、担保债券的功能。若成员发出请求，则国际开发协会应当为其提供必要的技术援助和金融咨询服务。但需要注意的是，国际开发协会这一金融组织无权干涉、阻挠成员国的内政，在面向成员国开展金融服务时，应当对不同的经济因素作全面权衡，从而将国际开发协会的服务宗旨贯彻到底。

5. 什么是国际金融公司？

国际金融公司是世界银行的附属机构，成立于1956年7月24日。在成立之初，国际金融公司就将自身定位为首个将推动私营企业发展作为主要目标的政府间组织，其资金主要来源于成员国认缴的股金、来自世界银行的贷款、成员国偿还的款项及公司经营金融业务获得的利润。

■ 国际金融公司的宗旨

国际金融公司以辅助世界银行为首要宗旨，其一切业务内容都是为了配合世界银行的业务活动。该机构通过贷款、投资入股等手段向成员国的重点私人企业提供无需政府担保的贷款或投资，鼓励国际私人资本向发展中国家流动，从而促进发展中国家私人企业的发展。

■ 国际金融公司的业务内容

国际金融公司共有175个成员国，其资本主要来源于这些国家认缴的股本金。这些国家共同协商、制定国际金融公司的业务政策，并对各类投资进行审批。国际金融公司与这些国家为融资伙伴关系，按照商业原则运作并获得利润。

国际金融公司认为，保障环境和社会福祉、改善发展中国家经济状况是经济可持续增长的必要条件。因此，该机构高度关注新兴市场特别是发展中国家的私人部门及金融机构，依托自身的经济资源和在国际金融市场上筹措到的经济资源，为这些私人部门和金融机构的项目提供短期或长期商业融资。可以说，国际金融公司是国际上为发展中国家提供贷款最多的金融机构，经由国际金融公司参与的商业项目容易获得外国投资人、政府机构的认可，具有较大权威性和影响力。除此之外，国际金融公司还面向成员国的政府及企业提供技术援助和金融咨询服务。

6. 什么是国际清算银行？

国际清算银行是世界上历史最悠久的国际金融组织。1930年，英国、法国、日本、比利时、德国等国家为解决第一次世界大战后德国战争赔款问题共同签订《海牙国家协定》，规定成立国际清算银行。在成立之初，该组织由英国、法国、德国、意大利、比利时等国家的中央银行和美国摩登银行及花旗银行组成，仅有7个成员国。按照《海牙国家协定》的规定，国际清算银行具有国际法人资格，允许进出口黄金和外汇，且享有外交特权和豁免权。第二次世界大战结束后，国际清算银行先后成为欧洲经济合作组织各个成员国中央银行汇兑担保的代理人、欧洲支付同盟的受托人。经过近90年的发展，国际清算银行的成员国数量已经增加至45个。

■ 国际清算银行的宗旨

国际清算银行以"促进各国中央银行合作、为国际金融业务提供便利"为宗旨。要想维持国际金融格局和秩序的稳定，就必须加强和扩大各个国家中央银行的合作。因此，国际清算银行作为国际清算的代理人，接受各个国家中央银行的委托，按照其内部章程规定和国际金融规则开展各类业务活动。

■ 国际清算银行的业务内容

国际清算银行的业务内容见表12-5。

表12-5　国际清算银行的业务内容

1. 处理国际清算业务 　　第二次世界大战结束后，国际清算机构先后成为欧洲经济合作组织各个成员国中央银行汇兑担保业务的代理人，还成为欧洲支付同盟等机构的金融业务代理人，负责对国际清算业务进行处理
2. 办理银行业务 　　国际清算银行可以接受来自成员国中央银行的黄金及货币存款，并为其提供购买、出售、存储业务
3. 组织中央银行行长会议 　　国际清算银行定期于巴塞尔组织开展主要国家中央银行的行长会议

①处理国际清算业务

第二次世界大战结束后，国际清算机构先后成为欧洲经济合作组织各个成员国中央银行汇兑担保业务的代理人，与此同时，还成为欧洲支付同盟、黄金总库、欧洲煤钢联营的金融业务代理人，负责对国际清算业务进行处理。

②办理银行业务

国际清算银行可以接受来自成员国中央银行的黄金及货币存款，并为其提供购买、出售、存储业务。与此同时，国际清算银行还面向成员国中央银行提供贷款、接受贷款、办理期票、买卖信用工具等业务。不仅如此，国际清算银行在提供贷款业务同时，还有权监督贷款企业的行为。但需要注意的是，国际清算银行不得面向政府提供贷款或以政府名义开设往来账户（但可以购买国家公债）。当前，有大量国家的中央银行在国际清算银行存储黄金及硬性通货，定期获取相应收益。

③ 组织中央银行行长会议

国际清算银行定期于巴塞尔组织开展主要国家中央银行的行长会议。这些国家在会议中共同切磋协商国际金融问题，对不同国家的金融冲突进行协商，实现各国金融政策的对接。通过中央银行行长会议，能够促进不同国家的金融合作。

第三节　金融全球化

内容提要

金融全球化是"经济全球化"趋势下世界金融活动的必然方向。在本节中，笔者将对金融全球化的概念、金融全球化的基本特征进行说明，同时阐述金融全球化对发达国家和欠发达国家的利弊。最后，基于我国金融现状，提出在"金融全球化"背景下我国应采取何种竞争策略，才能在激烈的国际金融市场中拔得头筹、占据优势地位。

1. 什么是金融全球化？

伴随着现代科技的发展、各国对外开放程度的加深，世界各国在经济上的相互依赖性逐渐提升，世界俨然已经成为高度互通、同呼吸共命运的地球村，经济全球化成为当今世界发展的基本特征。经济全球化主要表现为贸易全球化、投资全球化、金融全球化和跨国公司生产经营全球化。那什么是金融全球化呢？金融全球化是指世界上各个国家的金融活动跨越国界、相互融合，采用统一的国际金融规则来筹集、分配和运用资金。在金融全球化的背景下，国际金融市场每时每刻都在运转，金融国际合作、融资证券化的趋势日益增强，出现了不同类型的区域性金融组织和国际金融组织，各国的融资活动依托世界金融市场不断发展，其金融服务质量得以改善，筹资成本不断降低。可以说，金融全球化的蓝图已然全面铺开。

我们在讨论经济全球化时，总会提到"双刃剑"这样一个概念。同样的，在金融全球化趋势持续加强的今天，其对当代世界的影响也是双面的。在本节中，笔者将具体论述金融全球化的定义、特征及影响。与此同时，还将立足于我国的现实国情，试图去探讨在金融全球化的时代背景下，我国应当如何把握机遇、顺流而上，在国际舞台上赢得更多掌声。

2. 金融全球化具有哪些基本特征？

金融在经济活动中的重要地位不言而喻，可以说，金融是当代经济的命脉。在经济全球化的宏观形势下，金融全球化势如破竹，成为世界经济发展的关键环节。金融全球化的推进，使得资金得以在世界范围内重新配置、运用，在促进欧美等发达国家金融市场蓬勃发展的同时，也为发展中国家经济发展提供了大量的资金。事实上，资本得以在全球扩张的根本原因在于资本的逐利性，再加上西方各国的金融自由化政策、汇率浮动制度，都为金融全球化产生助力。

金融全球化的基本特征见表12-6。

表12-6　金融全球化的基本特征

1	金融全球化以资本跨国流动规模的迅速扩张为首要特征
2	信息技术的发展为金融全球化的发展创造了前所未有的利好条件
3	金融创新活动蒸蒸日上、硕果累累
4	在金融全球化的体系之中存在明显的等级

① 金融全球化以资本跨国流动规模的迅速扩张为首要特征。

伴随着金融自由化程度的加深，各国逐渐放开对金融市场的管制，造成资本流动规模迅速扩张，流动速度日益加快，而资本的流动方向也从发达国家向发展中国家流动转变为发达国家之间的流动。在金融全球化的背景下，短期资本成为最重要的资本流动形式。

② 信息技术的发展为金融全球化的发展创造了前所未有的利好条件。

伴随着电子货币的发展、互联网的全面覆盖，金融活动突破了国土和时间的限制，全球金融市场逐步联结成为一个有机、统一的整体，促使不同国家的金融市场开始统一。在统一的金融市场条件下，一个国家资本价格的波动，会影响其他国家的金融市场。主要国家一旦调整利率水平，就会引发相关国家的迅速动作，不同国家的利率差距日益靠拢。

与此同时，不同国家的金融监管体系、金融交易规则开始呈现出同质性的特征，这些不同的国家采用趋同的金融工具和金融规则，在全球范围内自行选择资金的供给者和需求方。

③ 金融创新活动蒸蒸日上、硕果累累。

20世纪70年代起，发达国家的商业银行及非银行金融机构为应对市场竞争，积极对金融制度、信用工具进行创新，使得金融市场中涌现出不同类型的产品。最后，金融资本规模持续扩大，短期游动资本和长期资本互相补充，为金融市场注入源源不绝的新鲜血液。

④ 在金融全球化的体系之中存在明显的等级。

哪个国家的利率变动在国际金融市场中占据主导定位，就采用哪个国家的金融制度和交易规则。当前，美国仍保持着世界经济霸主的地位，由于美元在国际金融市场中的地位仍然领先，其股票市场规模也无人匹敌，因此美国的金融体系也在支配着其他国家的金融体系。伴随着越来越多的新兴国家加入到金融全球化进程中来，不同国家的竞争日益激烈，发展不平衡的问题更为突出。

■ 金融全球化对发达国家的意义

在金融全球化的过程中，呈现出如下特征：首先，发达国家及其金融机构在金融全球化的进程中由于资金实力雄厚，已经形成健全的金融体系，且具有完备、科学的调控机制，为开展金融业务建设了完善的基础服务设施，因此始终处于主导地位，在金融创新方面硕果屡现，其金融机构规模庞大、历史悠久，在金融产品种类、金融服务、管理经验方面具有强大优势。与此同时，由于制定全球金融规则的国家为发达国家，因此这些规则体现了发达国家的利益立场，为其在全球范围内经营业务创造了政策和规则上的优势。

■ 金融全球化对发展中国家的意义

对发展中国家而言，其经济基础相当薄弱，开展金融业务的技术及经验有限，尚未形成完善的金融体系和法律制度，且抵御金融风险的能力明显落后于发达国家。因此，发展中国家金融领域的崩溃或后退，往往会引发整体经济的衰退，最典型的例子就是1997年爆发的亚洲金融风暴。

1997年7月2日，泰国央行在外汇市场大量抛售泰铢的强大压力下被迫实行浮动汇率制，造成泰铢在一日之内贬值15%左右。货币贬值风蔓延到包括菲律宾、马来西亚和印度尼西亚等东南亚各国，并逐步扩大成为银行危机、股市危机和外债危机，社会经济一度萧条，亚洲大量企业倒闭、工人下岗，部分国家经济遭受重创后其政局也受到干扰混乱不堪，最终形成一场综合性、破坏力极强的金融风暴。

在金融全球化的进程中，发展中国家始终处于被动地位。但不可否认的是，金融全球化仍然为发展中国家创造了极为宝贵的机遇。正是由于金融全球化，发展中国家的银行及非银行金融机构可通过国际金融市场来筹措资金，得到了丰富的融资机会，有助于缓解建设资金不足的问题。与此同时，发展中国家可以通过引进发达国家先进的金融工具和管理制度，进而带动自身金融业的成长。因此，如何把金融全球化这把

"双刃剑"运用好，如何把握住机遇、应对挑战？这值得广大的发展中国家谨慎思考。

3. 金融全球化带给中国什么样的启示？

裹挟在金融全球化的浪潮之中，作为发展中国家的"中国"应当主动抓住机遇，积极应对金融全球化的冲击，未雨绸缪是必然的，采取科学的政策和措施提升我国在国际金融体系中的地位，增强自身的金融实力，从而在金融全球化进程中把握主动权，捍卫金融安全。如何在金融全球化的道路上平稳前进呢？依笔者个人之拙见，可以考虑从以下方面入手（表12-7）。

表12-7　金融全球化带给中国的启示

1	消除金融隐患，打好金融自由化的基础
2	稳步推进利率市场化进程，解决好金融自由化中的核心问题
3	加强国际合作，实现与国际资本市场的接轨
4	加强金融监管，保证金融自由化的顺利推进

■ 消除金融隐患，打好金融自由化的基础

主动参与金融全球化，是中国金融改革之路的必然环节，也是经济全球化进程中中国融入世界市场的有机组成部分。因此，中国必须要消除金融市场的隐患，建立起严密、科学、全面覆盖的金融监管机制、市场准入与退出机制，积极主动改革商业银行产权，引导商业银行正确处

理不良信贷资产，从而为金融全球化创造一个自由、开放、公正的市场环境和完善的金融机制。在这一环节中，首先要培育起真正的市场主体和竞争机制，政府将自身的引导作用发挥出来，主动转变自身职能，运用宏观财政政策和货币政策来为金融业的发展保驾护航，以税收政策、财政扶持等手段鼓励银行和非银行金融机构主动进行金融创新，将市场机制的调节作用发挥出来。

■ 稳步推进利率市场化进程，解决好金融自由化中的核心问题

在第二章中，笔者已对利率市场化与资源配置和金融创新的关系进行了论述。利率市场化的本质，是在推动金融市场从低水平向高水平转化，最终形成一个金融工具齐全、融资工具结构合理、信息披露充分、法律和经济手段共同监管的金融市场。因此，我国应当稳步、持续地推进利率市场化进程，逐步放开官方对利率的管制，建立由资金供求关系决定利率的金融定价机制，从而将利率的经济杠杆作用充分发挥出来，这是我国深化金融改革的重点工作。

■ 加强国际合作，实现与国际资本市场的接轨

在资本全球化、自由化的过程中，金融资本按照国际统一的规则在全球范围内自由流通和转移，资本流动规模日益扩大、速度逐渐加快，形成全球统一的金融市场和货币市场。在这样的背景下，我国应继续加强国际合作，积极友好地与其他国家进行信息交流。一旦在金融领域出现争端，应当基于平等互利的原则进行切磋协商，既要维护自身在国际金融体系中的合法权益，同时又不能侵害其他国家的正当利益。

■ 加强金融监管，保证金融自由化的顺利推进

在金融全球化、利率市场化、金融自由化的过程中，并不意味着完全放弃对金融市场的监管，相反，加强金融监管，才能够为金融自由化的顺利推进提供保障。长期以来，我国都将合规性监管作为重点方向，但金融监管的首要目标，应当是对市场失灵进行弥补，构建一个公平竞争、高效率、有序运转的金融体系，从而促进金融市场的稳定发展。因此，我国可以对发达国家的监管体制进行参考和借鉴，依据国家标准和我国的实际情况，认真探索与我国实际国情、金融环境、经济条件相符合的金融监管制度。在建设金融监管体系时，首先要完善金融立法、强化金融执法。当前，我国针对证券、期货等金融工具的相关法律并不完善，仍存在诸多空白地带，而金融法律法规既是监管金融市场的重要依据，也是保证监管合法化、规范化的原则。因此，加快制定相关法律，使得金融监管有法可依。在监管过程中，要严厉打击金融犯罪，为金融业的发展创造良好的环境。

参考文献

〔1〕黄达. 金融学. 第四版. 北京：中国人民大学出版社，2017.

〔2〕蒋玉洁. 货币金融学. 北京：中国轻工业出版社，2018.